Libro interactivo del est

miVisión

LECTURA

SAVVAS
LEARNING COMPANY

ISBN-13: 978-0-134-90799-4
ISBN-10:   0-134-90799-X

7 21

María G. Arreguín-Anderson, Ed.D.

Richard Gómez Jr., Ph.D.

Veo, veo

Veo, veo

Pregunta esencial

¿Cómo crecen y cambian los seres vivos?

▶ **Mira**

"¿Quién estuvo allí?". Fíjate en lo que puedes aprender sobre las huellas de los animales.

INTERCAMBIAR *ideas*

¿Qué aprendiste sobre las huellas de los animales? Coméntalo con tu compañero.

SAVVAS
realize™

Puedes hallar todas las lecciones EN LÍNEA.

▶ VIDEO

🔊 AUDIO

🎮 JUEGO

✏ ANOTAR

📖 LIBRO

🔍 INVESTIGACIÓN

Taller de lectura

Infografía: ¿Qué tan grande es la cría?

El ciclo de vida de una rana .... Texto informativo

por René Saldaña, Jr.

Diagrama: Las partes de una planta

El ciclo de vida de un girasol .... Texto informativo

por Linda Tagliaferro

Infografía: Los nombres de las crías de los animales

¿Cómo crecen las crías de los animales? Texto informativo

por Caroline Hutchinson

Poema: "Canción"

"El flamboyán amarillo" .... Poesía

por Georgina Lázaro

Poema: "Oda a mis zapatos"

Unos zapatos más grandes para la gran carrera .... Obra de teatro

por Wade Hudson

Puente entre lectura y escritura

- Vocabulario académico
- Leer como un escritor, escribir para un lector
- Ortografía • Lenguaje y normas

Taller de escritura

Libro informativo

- Planificar tu libro informativo • Gráficas simples
- Introducción y conclusión • Corregir oraciones completas con concordancia entre sujeto y verbo • Publicar y celebrar

Proyecto de indagación

- Indagar • Investigar • Colaborar

Lectura independiente

En esta unidad, vas a leer libros con tu maestro o maestra. Vas a leer textos informativos, poesía y obras de teatro. También vas a leer libros por tu cuenta.

Escoge un libro que te gustaría leer.

Quiero leer:

¿Cuál es tu propósito, o motivo, de lectura?

Quiero:

- Aprender datos sobre _____.
- Leer un cuento que me divierta.
- Leer algo nuevo para mí.

Mi registro de lectura

Fecha	Libro	Páginas leídas	Minutos leídos	Cuánto me gusta
				☺ 😐 ☹
				☺ 😐 ☹
				☺ 😐 ☹
				☺ 😐 ☹
				☺ 😐 ☹

Si lo deseas, puedes usar un Cuaderno del lector para tomar notas y responder a tu lectura.

Metas de la unidad

En esta unidad,

- leerás textos informativos.

- escribirás un libro informativo.

- aprenderás acerca de las plantas y los animales.

 **Colorea** los dibujos para responder.

Puedo leer un texto informativo.		
Puedo formar y usar palabras para leer y escribir un texto informativo.		
Puedo escribir un texto informativo.		
Entiendo cómo crecen y cambian los seres vivos.		

Vocabulario académico

| notar | razón | patrón | naturaleza |

Usar el vocabulario académico te ayuda a hablar de las ideas de maneras significativas.

En esta unidad, aprenderás sobre la **naturaleza**. Comprenderás las **razones** por las que suceden las cosas.

¿Qué **notas** en la imagen? ¿Ves un **patrón**? Cuando le respondes algo a alguien, le dices algo.

INTERCAMBIAR *ideas* Habla con tu compañero sobre el significado del vocabulario académico. Usa las palabras para hablar con un compañero sobre la imagen.

¿Qué tan grande es la cría?

Mi TURNO Encierra en un círculo el nombre de cada cría.

Erizo

La cría de un erizo tiene pequeñas púas blancas y suaves. La madre está cubierta de pelo duro en forma de púas que se sienten espinosas.

cría de erizo　　**erizo**

Ballena azul

La cría de una ballena azul se llama ballenato.

¡El ballenato pesa unas 6,000 libras al nacer! A pesar de que el ballenato es grande, su mamá es mucho, mucho más grande.

Pregunta de la semana

¿Cómo crecen y cambian los animales?

Oso panda

La cría de un oso panda
se llama osezno. Es muy
pequeño comparado con
su mamá.

panda

El osezno
es rosado y
del tamaño de una
barra de mantequilla.

Mantequilla

ballenato

ballena

13

Las sílabas con b

 **VER Y DECIR** Nombra las imágenes. Cuando separas una palabra en sílabas, dices cada sílaba por separado. Separa cada palabra en sílabas. Escucha los sonidos.

La consonante b

Algunas palabras tienen sílabas que comienzan con el sonido que escuchas al comienzo de la palabra **beso.** Ese sonido a veces se escribe con la letra **b.**

Mi TURNO Lee estas palabras.

La consonante b

INTERCAMBIAR *ideas* Lee estas palabras de dos y tres sílabas con un compañero.

bote	**buscamos**	**banco**

bate	**bola**	**bebé**

Mi TURNO Nombra cada imagen. Escribe la sílaba que completa cada palabra. Luego, cuenta cuántas sílabas tiene cada palabra.

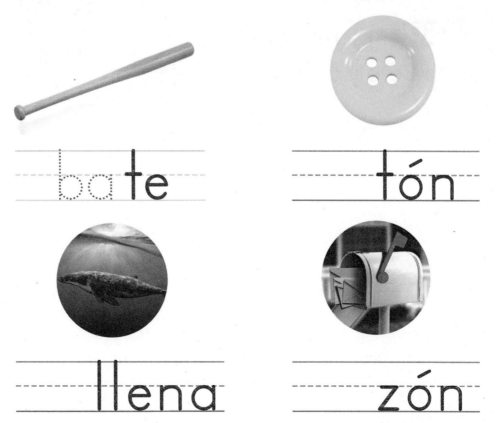

ba te

tón

llena

zón

La consonante b

Mi TURNO Lee las oraciones. <u>Subraya</u> las palabras que tienen sílabas con **b.**

<u>B</u>eto está en su <u>b</u>alcón.

Boni pasa con un balón.

Beto sale rápido.

Beto y Boni rebotan el balón.

La palabra **rebotan** tiene tres sílabas.

Mi TURNO Escribe otra oración sobre Beto y Boni.

Beto y Boni

Las palabras con r inicial

VER y DECIR Nombra las imágenes. Escucha los sonidos. Cuando separas una palabra en sílabas, dices cada sílaba por separado. Separa cada palabra en sílabas.

La consonante r inicial

A veces las sílabas de una palabra comienzan con el sonido **rr.** Cuando este sonido está al comienzo de una palabra, se escribe con la letra **r.** Puedes escuchar este sonido en la primera sílaba de la palabra **rama.**

Mi TURNO Lee estas palabras.

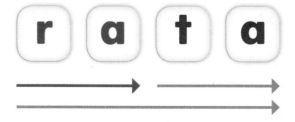 

Mis palabras

Hay palabras que debes recordar y practicar.

Mi TURNO Lee las palabras.

qué	bien	luego	tarde	quiere

Mi TURNO Completa las oraciones con las palabras del recuadro. Lee las oraciones.

Caligrafía Escribe siempre las palabras claramente. Deja espacios entre las palabras.

1. ¿ _Qué_ pasa con el pato de Toni?

2. Esta _____ está bien activo.

3. _____ subir a la mesa.

4. _____ camina por la casa.

5. ¡Patito, pórtate _____!

La consonante r inicial

INTERCAMBIAR *ideas* Lee estas palabras con un compañero. Piensa en el sonido que tiene la **r** en las sílabas.

rima	**roca**	**rica**
rata	**ropa**	**risa**
rosa	**rota**	**rama**
ramo	**rato**	**rico**

Mi TURNO Escribe sílabas que comienzan con **r** para completar las palabras.

1. Mira la _____ma.

2. Dame la _____pa.

INTERCAMBIAR *ideas* Ahora lee las oraciones con un compañero.

La consonante r inicial

Mi TURNO Agrega sílabas con **r** para completar las palabras. Luego, dibuja una línea entre cada palabra y su imagen.

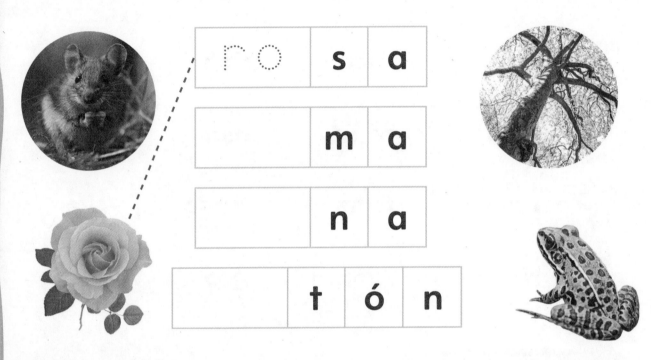

r o	s	a

	m	a

	n	a

	t	ó	n

Mi TURNO Escribe una oración. Incluye una palabra con una sílaba que comienza con **r**.

_____

- -

_____

- -

_____

- -

_____

- -

Rita pasa un buen rato

La rana Rita está contenta.

Esta tarde va a la boda de Beti y Benito.

AUDIO

Para escuchar y resaltar

ANOTAR

Resalta las palabras que contienen la consonante **b.**

<u>Rita</u> quiere sacar fotos.

Pone una rosa en todas las ranas de la banda.

Rita saca una foto de Beti y Benito. ¡Qué bonito! ¡Qué romántico!

<u>Subraya</u> las palabras que contienen la consonante **r** inicial.

Luego van a la fiesta.
Comen ricos bocaditos.

La banda toca muy bien.
Rita salta al ritmo.

¡Rita pasa un buen rato!

<u>Subraya</u> las palabras que contienen la consonante **b.**

Mi meta de aprendizaje Puedo leer un texto informativo.

ENFOQUE EN EL GÉNERO

Texto informativo

Un texto informativo trata de una persona, un lugar o una cosa real. Tiene una idea principal, o central.

Título → **De huevo a mariposa**

Idea principal → Una mariposa pasa por cuatro etapas. Primero, es

Detalles de apoyo → un huevo. Luego, es una oruga. Después, construye una crisálida. Finalmente, es una mariposa.

INTERCAMBIAR ideas Habla con un compañero sobre la idea principal, o central, de "De huevo a mariposa".

Cartel de referencia:
Texto informativo

Título:
nombra el tema

Idea principal:
de lo que trata
principalmente el texto

Detalle

Detalle

Detalle

Detalle

Detalle

Detalles:
dan más información
sobre la idea principal

El ciclo de vida de una rana

Primer vistazo al vocabulario

Vas a leer estas palabras en *El ciclo de vida de una rana*.

rana	huevos	branquias	renacuajo

Leer

Lee para aprender sobre las ranas.

Mira las fotografías como ayuda para entender el texto.

Hazte preguntas como ayuda para aprender la información.

Habla sobre el texto con un compañero.

Conoce al autor

René Saldaña, Jr. es maestro. Escribe libros para niños. Cuando era pequeño, le decían Ranita.

El ciclo de vida de
una rana

**escrito por
René Saldaña, Jr.**

 AUDIO

Para escuchar
y resaltar

 ANOTAR

Una rana cambia muchas veces
a medida que crece.

Al principio, la rana es un huevo.
La mamá rana pone muchos huevos
en un estanque.

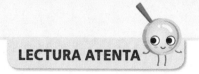

LECTURA ATENTA

Subraya las palabras que te indican
cuál es la idea principal, o central, de
este texto.

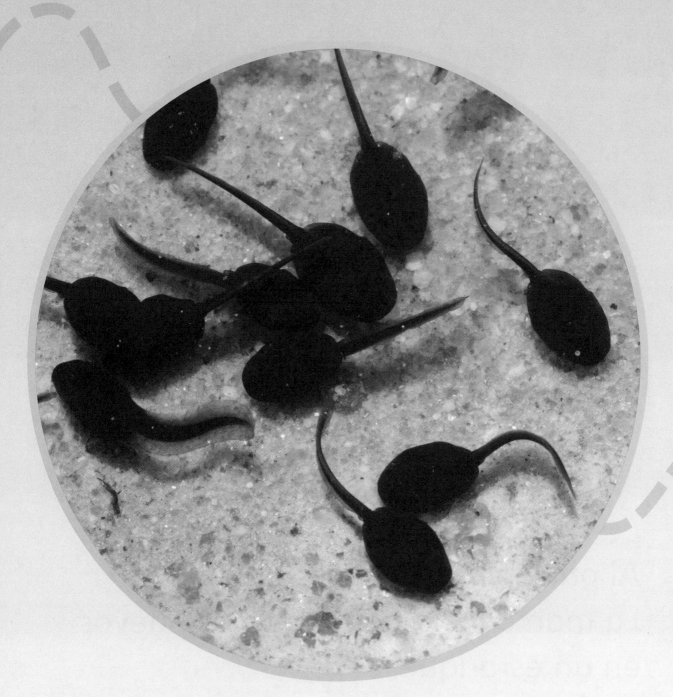

Luego de algunos días, se rompe el cascarón. Nace una cría de rana. La cría de rana se llama renacuajo.

Mira al renacuajo ahora. Tiene una cola ondulada que lo ayuda a nadar.

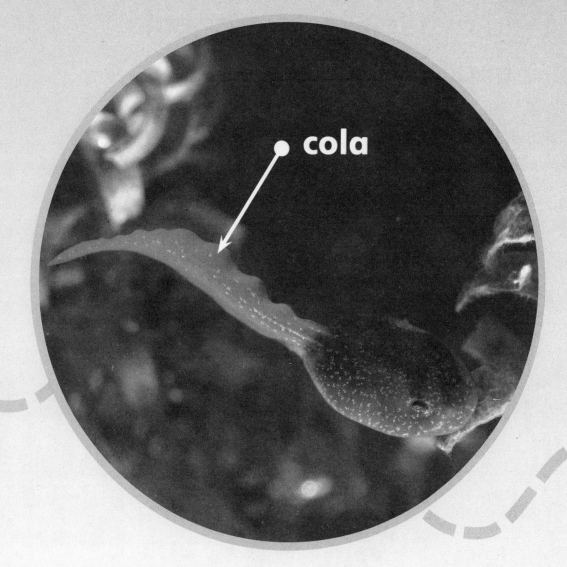

cola

VOCABULARIO EN CONTEXTO

<u>Subraya</u> las palabras que te ayudan a entender el significado de **cascarón**.

El renacuajo tiene branquias
en el cuerpo. Las branquias
lo ayudan a respirar bajo
el agua.

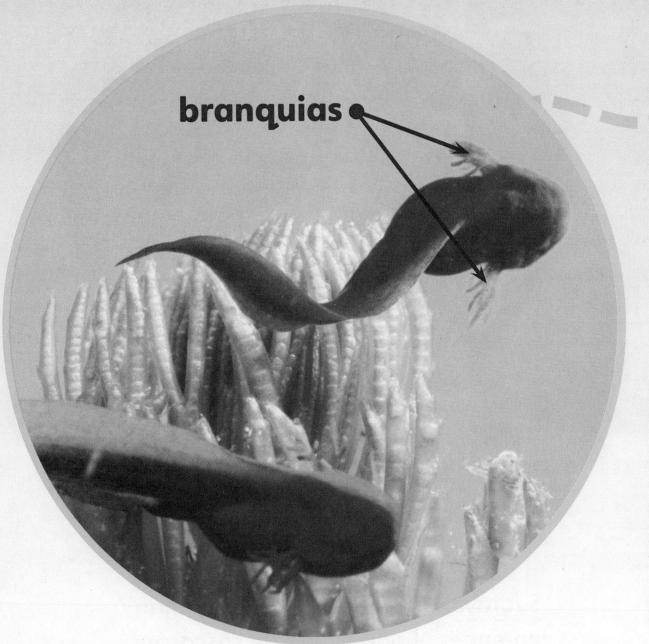

branquias

Mira al renacuajo ahora. Tiene patas traseras. Ya no tiene branquias. Pronto, podrá dar saltitos.

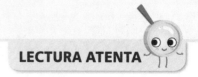

LECTURA ATENTA

Resalta las partes del cuerpo que el renacuajo usa para respirar. Usa el texto y las fotos como ayuda.

Ahora, el renacuajo tiene patas delanteras. También tiene pulmones para respirar aire.

Mira al renacuajo ahora. Tiene la cola más corta. Tiene las patas más largas. Se parece más a una rana.

LECTURA ATENTA

Resalta las palabras que te indican cómo ha cambiado el renacuajo. Usa el texto y las fotos.

Mira la rana. Está lista para salir del agua.

En primavera, la rana regresará al estanque. Allí pondrá sus propios huevos.

LECTURA ATENTA

Resalta lo más importante que hará la rana en primavera.

Desarrollar el vocabulario

Mi TURNO Dibuja una línea desde cada palabra a la fotografía que muestra la palabra.

huevos

rana

branquias

renacuajo

Verificar la comprensión

Mi TURNO Escribe las respuestas a las preguntas. Puedes volver a mirar el texto.

1. ¿Por qué este es un texto informativo?

_____

_____

----

2. ¿Por qué incluye fotos el autor?

_____

_____

----

3. ¿En qué se diferencian los renacuajos de las ranas? Usa evidencia del texto.

_____

_____

Identificar la idea principal

La **idea principal,** o **central,** es sobre lo que trata principalmente un texto informativo.

MI TURNO ¿De qué trata principalmente *El ciclo de vida de una rana?* Vuelve a mirar el texto.

La idea principal, o central, de *El ciclo de vida de*

_____

_____

una rana es _____

_____

_____

_____

¿Cómo sabes que es la idea principal, o central?

_____

_____

_____

_____

_____

_____

_____

_____

Buscar detalles importantes

La evidencia de apoyo, o detalles, son los datos más importantes sobre una idea principal, o central.

MiTURNO Dibuja un detalle importante que apoye la idea principal. Vuelve a mirar el texto.

Reflexionar y comentar

En tus palabras

Leíste acerca de cómo los renacuajos crecen y cambian hasta convertirse en ranas. ¿Qué sabes acerca de cómo crecen y cambian otros animales?

Comentar información e ideas

Cuando hables con los demás, es importante que:

- Comentes tus ideas.
- Escuches lo que dicen los demás mientras comentan sus ideas.

Usa las palabras de esta nota como ayuda para comentar ideas y escuchar a los demás.

Sé que . . .
Pienso que . . .

Ahora comenta tus ideas.

Pregunta de la semana

¿Cómo crecen y cambian los animales?

Puedo formar y usar palabras para leer y escribir un texto informativo.

Mi meta de aprendizaje

Vocabulario académico

Las palabras relacionadas están conectadas de algún modo.

Mi TURNO Lee las palabras que rodean cada círculo. En el círculo, escribe la palabra relacionada del recuadro.

notar	naturaleza	razón	patrón

mirar

razonar

ver _____

observar

opinión

explicar

Leer como un escritor, escribir para un lector

Los autores escogen sus palabras con cuidado. Las palabras interesantes pueden ayudar a un lector a visualizar el significado del texto.

Tiene una cola ondulada que lo ayuda a nadar.

El autor usa esta palabra para ayudar a los lectores a imaginarse cómo se mueve la cola.

Mi TURNO Escribe oraciones con palabras interesantes que hablen acerca de una rana. Las palabras te deben ayudar a visualizar la rana.

_____

_____

_____

_____

_____

_____

Escribir palabras con b y r

 Agrupa y escribe las palabras.

Palabras de ortografía

bote	rama	boca	rebota
risa	rosal	lobo	rosado

b

r

Mis palabras

bien	quiere

Las oraciones simples

Una **oración simple** cuenta una idea completa.

Tiene un **sujeto**, que es sobre quien habla la oración.

Tiene un **predicado** que dice lo que es o hace el sujeto.

Una oración empieza con letra mayúscula y termina con un punto.

Fíjate en la concordancia entre el verbo y el sujeto de cada oración.

El renacuajo **nada**.

Los sapos **saltan**.

Nosotros **corremos**.

Mi TURNO Corrige las oraciones. Fíjate en el uso de las mayúsculas y de la puntuación correcta. También asegúrate de que el verbo de cada oración esté conjugado correctamente. Verifica la concordancia entre sujeto y verbo.

1. sam visitar el parque

_____

_____

2. las patas de la rana crecer rápido

_____

_____

Puedo escribir un texto informativo.

Libro informativo

Los libros informativos tienen:

- un título.
- una idea principal, o central.
- detalles sobre la idea principal.

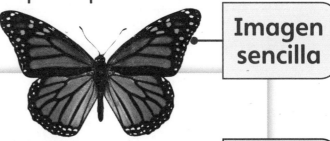

Imagen sencilla

De huevo a mariposa

Título

Una mariposa pasa por cuatro etapas. Primero, es un huevo. Luego, es una oruga. Después, construye una crisálida. Finalmente, es una mariposa.

Idea principal

Detalles de apoyo

Lluvia de ideas: Tema e idea principal

Un **tema** es de lo que escribe un autor. Los autores escogen un tema sobre el cual saben mucho.

Mi TURNO ¿Sobre qué temas sabes mucho? Haz una lluvia de ideas para crear una lista de temas.

_____

_____

_____

_____

_____

_____

La **idea principal**, o **central,** es la información más importante sobre el tema. Los autores usan las ideas principales, o centrales, después de escoger un tema.

Mi TURNO Encierra en un (círculo) uno de tus temas. Escribe tu idea principal.

_____

_____

_____

_____

Planificar tu libro informativo

Mi TURNO Haz una lluvia de ideas y escríbelas para planificar tu libro.

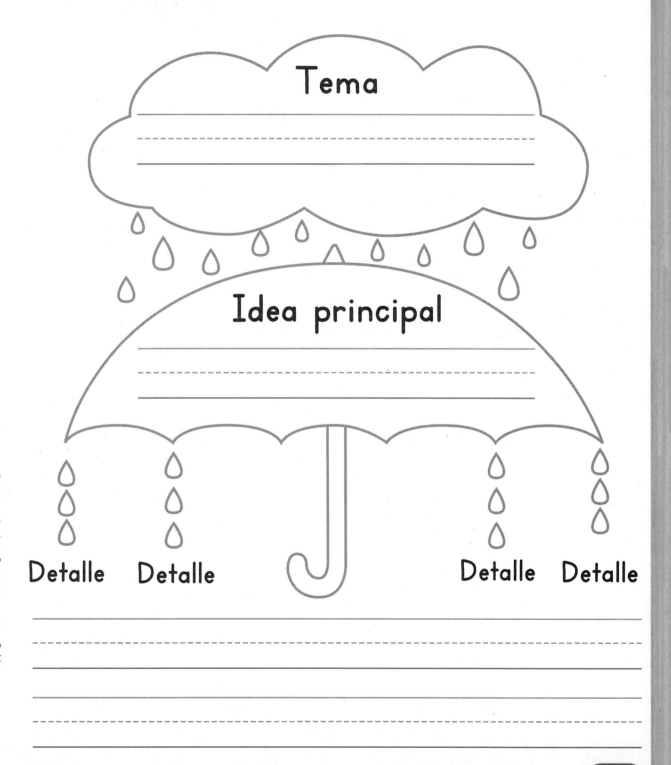

Tema

Idea principal

Detalle   Detalle   Detalle   Detalle

Las partes de una planta

El **tallo** recibe agua de las raíces. El tallo sostiene la planta.

La **flor** es importante porque produce más semillas.

Las **hojas** reciben la luz del sol para la planta.

Las **raíces** mantienen la planta en su lugar. Obtienen el agua que la planta necesita.

La **semilla** es una plantita que aún no ha comenzado a crecer.

¿Cómo crecen y cambian las plantas?

 Une el dibujo con su nombre.

raíces

semilla

hojas

flor

tallo

Las sílabas ga, go, gu

VER y DECIR Nombra cada imagen. Cuando separas una palabra en sílabas, dices cada sílaba por separado. Separa cada palabra en sílabas. Escucha los sonidos.

Las palabras con ga, go, gu

La letra **g** hace el sonido suave que escuchas al comienzo de **gana**, **goma**, **gusto**. Ese sonido se escribe con las sílabas **ga, go, gu**.

Mi TURNO Lee estas palabras.

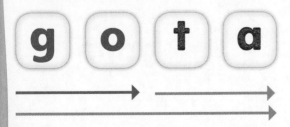
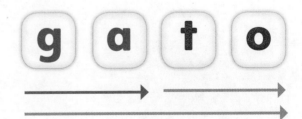

Las palabras con ga, go, gu

INTERCAMBIAR *ideas* Lee estas palabras con un compañero.

lago	tengo	gol

gusto	gusano	gustan

ganar	gota	gato

Mi TURNO Nombra cada imagen. Escribe la sílaba **ga**, **go** o **gu** para completar la palabra.

ga to

_____ sanos

_____ rila

_____ ta

Las palabras con ga, go, gu

Mi TURNO Lee las siguientes oraciones.
Subraya las palabras con las sílabas **ga, go** o **gu**.

Gusi tiene un gato.

El gato es goloso.

Juega con un gusano de goma.

Mi TURNO Escribe una oración
sobre el gato de Gusi.

_____

- -

_____

- -

_____

- -

_____

Las palabras que riman

VER y DECIR Nombra las imágenes. Escucha los sonidos medios y finales. Las palabras que tienen los mismos sonidos medios y finales son palabras que riman. Di palabras que rimen con las palabras de las imágenes.

El dígrafo ch

A veces dos consonantes que van juntas en una misma sílaba forman un solo sonido, como las consonantes **c** y **h** en la palabra **chica**. Estas consonantes juntas se llaman **dígrafos.**

Mi TURNO Lee estas palabras.

c h i c o   c a c h o

Mis palabras

Hay palabras que debes recordar y practicar.

Mi TURNO Lee las palabras.

tú	ser	puede	detrás	siembra

Mi TURNO Completa las oraciones con las palabras del recuadro. Lee las oraciones.

1. Gabo siembra tomates. Los siembra

————————————————— de su casa.

2. ¿——————————— comes tomates?

3. El tomate ——————————— ser grande o chico.

4. El tomate puede ——————————— verde o rojo.

El dígrafo ch

INTERCAMBIAR ideas Lee estas palabras con un compañero.

leche	**chico**	**chal**
charco	**pecho**	**tacho**

Mi TURNO Escribe las sílabas con el dígrafo **ch** para completar la palabra.

1. A Pancho le gusta el _____le.

2. A mí me gusta el _____colate.

INTERCAMBIAR ideas Ahora lee las oraciones con un compañero.

El dígrafo ch

Mi TURNO Agrega la sílaba con **ch** para formar las palabras. Dibuja una línea entre cada palabra y su imagen.

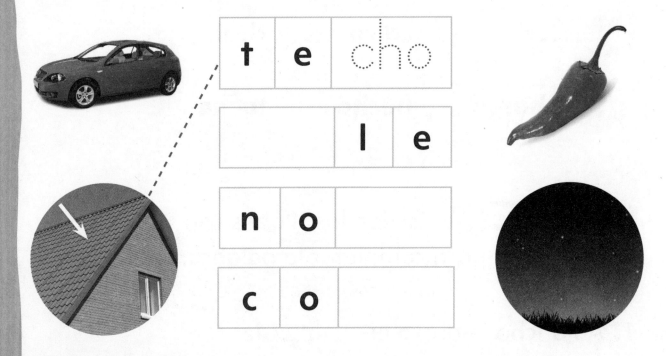

t	e	cho

	l	e

n	o	

c	o	

Mi TURNO Escribe una oración. Usa una palabra con **ch.**

Gabo siembra algo

Gabo siembra algo detrás de su casa.

¿Puede ser algo rico?

El gato Bigotes no lo sabe.

El gato Bigotes mira a un chapulín.

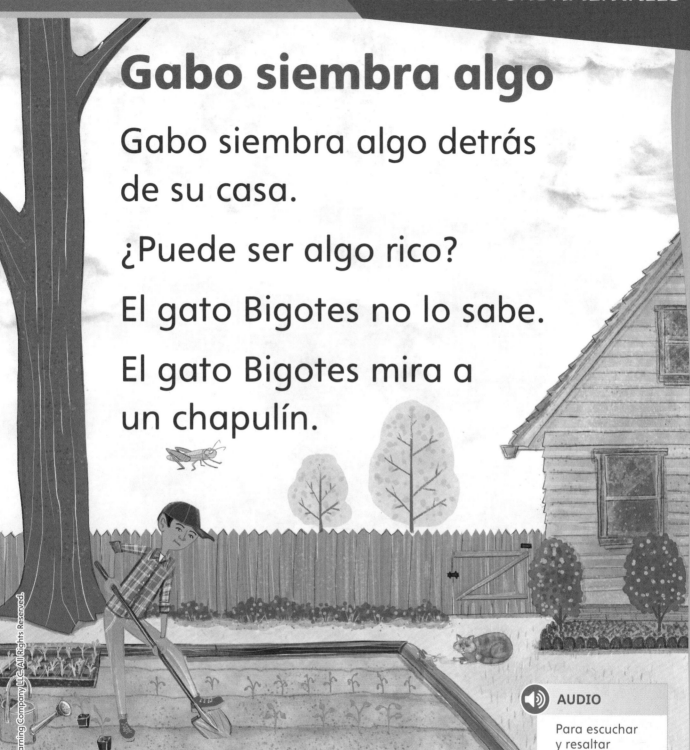

🔊 AUDIO

Para escuchar y resaltar

✏️ ANOTAR

Resalta las palabras que contienen las sílabas **ga**, **go**, **gu**.

Hay algo en las ramas.

¿Puede ser algo rico?

El chapulín no lo sabe.

El chapulín chistoso salta para mirar.

Subraya las palabras que contienen el dígrafo **ch**.

Hay algo en la gorra de Gabo.

¿Puede ser algo rico?

El gato Bigotes lo sabe.
El chapulín chistoso lo sabe.

El gusano goloso lo sabe.

¿Y tú?

Resalta las palabras que contienen las sílabas **ga, go, gu.**

Mi meta de aprendizaje Puedo leer un texto informativo.

ENFOQUE EN EL GÉNERO

Texto informativo

Los textos informativos tienen un patrón de organización, que es el modo de organizar la información. Los textos pueden estar en orden cronológico, o en una secuencia. También pueden tener hechos sobre un tema.

Establecer un propósito

El propósito, o motivo, para leer un texto informativo es aprender algo sobre un tema.

INTERCAMBIAR *ideas* Piensa en un texto informativo que hayas leído. Habla con un compañero sobre tu propósito para leer ese texto.

Cartel de referencia: Texto informativo

¿Cómo se puede organizar un texto informativo?

Secuencia

Descripción

El ciclo de vida de un girasol

Primer vistazo al vocabulario

Vas a leer estas palabras en *El ciclo de vida de un girasol*.

hojas	suelo	tallos	capullos

Leer

Lee con el propósito que estableciste.
Mira los encabezados para ayudarte a planear tu lectura.
Hazte preguntas sobre los datos.
Habla sobre lo que te pareció más interesante.

Conoce a la autora

Linda Tagliaferro adora escribir libros que ayuden a los niños a entender la naturaleza que los rodea.

El ciclo de vida de un girasol

por Linda Tagliaferro

Semillas de girasol

¿Cómo crecen los girasoles?

Los girasoles crecen a partir de las semillas de la planta de girasol.

Las semillas de girasol necesitan la luz del sol, suelo, agua y calor.

Entonces, germinan.

LECTURA ATENTA

<u>Subraya</u> la palabra que indica lo que sucede cuando las semillas de girasol obtienen lo que necesitan.

Crecer

Los tallos se asoman del suelo.

Unas hojas pequeñas crecen en los tallos.

Los tallos se llenan de más hojas y ramas.

En las ramas, se forman capullos de flores.

Luego, los capullos se abren.

LECTURA ATENTA

<u>Subraya</u> los detalles que describen lo que sucede cuando las semillas de girasol germinan.

¡Girasoles!

Los girasoles florecen.

Se mueven para mirar el sol.

Dentro de las flores, se forman las semillas.

En el otoño, los girasoles se doblan y sus semillas se esparcen.

LECTURA ATENTA

Resalta las palabras que te ayudan a comprender lo que les sucede a las semillas de girasol.

Volver a comenzar

Al año siguiente, crecen nuevos girasoles.

El ciclo de vida continúa.

<u>Subraya</u> la palabra que te ayuda a comprender el significado de **ciclo.**

Así crecen los girasoles

Glosario

ciclo de vida—las etapas de la vida de una planta que incluyen la germinación, reproducción y muerte

esparcir—lanzar o caer en un área extensa

germinar—crecer, aparecer o desarrollarse rápidamente

rama—la parte de la planta o árbol que sale del tallo o tronco

semilla—la parte de una planta en flor que puede convertirse en una nueva planta

suelo—la tierra en la que crecen las plantas; la mayoría de las plantas obtiene su alimento y agua del suelo

tallo—la parte larga y principal de una planta que produce hojas

Desarrollar el vocabulario

Mi TURNO Lee la palabra en cada recuadro. Luego, haz un dibujo que muestre el significado de la palabra.

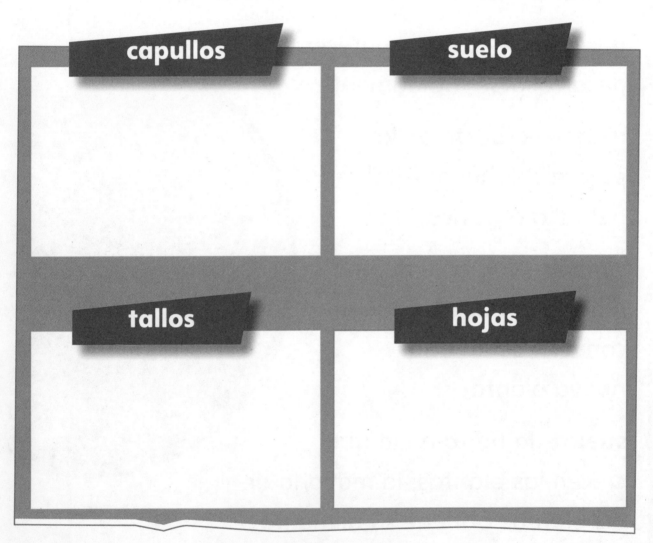

capullos

suelo

tallos

hojas

INTERCAMBIAR *ideas* Comenta con un compañero lo que significa cada palabra de vocabulario.

Verificar la comprensión

Mi TURNO Escribe las respuestas a las preguntas. Puedes volver a mirar el texto.

1. ¿Cómo te ayuda el título a saber que el texto es informativo?

_____

- -

_____

- -

_____

2. ¿Por qué usa la autora un glosario?

_____

- -

_____

- -

_____

3. ¿Qué pasaría si las semillas de girasol no obtuvieran lo que necesitan? Usa evidencia del texto.

_____

- -

_____

_____

- -

Identificar la estructura del texto

Un texto informativo puede tener los hechos organizados en orden cronológico, o en una secuencia. Los hechos están en el orden en que suceden en el tiempo.

Mi TURNO Dibuja lo que falta en el ciclo de vida de un girasol. Vuelve a leer el texto.

Mi TURNO Encierra en un círculo la estructura del texto.

orden cronológico   descripción

Hacer inferencias

Los lectores usan evidencia del texto para hacer inferencias. Usan lo que saben y lo que leyeron para comprender el texto.

 **Mi TURNO** Escribe una inferencia sobre *El ciclo de vida de un girasol*. Vuelve a mirar el texto.

Lo que leí	Lo que ya sé

Mi inferencia

Reflexionar y comentar

En tus palabras

Leíste sobre el crecimiento de los girasoles. ¿Sobre qué otros seres vivos que crecen y cambian has leído? ¿En qué se diferencian de los girasoles?

- -

Hacer y responder preguntas

Cuando hables con los demás, es importante que:

- Hagas preguntas cuando no comprendas algo.

- Respondas preguntas con oraciones completas.

Usa las palabras de esta nota como ayuda.

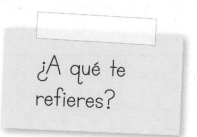

¿A qué te refieres?

Ahora comenta tus ideas.

- -

Pregunta de la semana

¿Cómo crecen y cambian las plantas?

Puedo formar y usar palabras para leer y escribir un texto informativo.

Mi meta de aprendizaje

Vocabulario académico

Los **sinónimos** son palabras con significados similares.

Mi TURNO Lee cada par de oraciones. Resalta el sinónimo de la palabra subrayada.

1. No <u>vi</u> el insecto.

No lo noté.

2. Las flores forman un <u>diseño</u>.

Puedo ver un patrón simple.

3. Por favor, mantengan limpio el <u>exterior</u>.

Hay que conservar la belleza de la naturaleza.

Leer como un escritor, escribir para un lector

Los autores usan palabras de secuencia para indicar a los lectores el orden en el que ocurren los sucesos. **Primero**, **luego**, **después** y **por último** son palabras de secuencia.

En las ramas, se forman capullos de flores.

Luego, los capullos se abren.

La autora usa esta palabra para decirles a los lectores que los capullos se abren después de formarse en las ramas.

Mi TURNO Escribe sobre los sucesos de tu día. Usa palabras de secuencia para indicar el orden.

_____

_____

_____

_____

_____

_____

Escribir palabras con ch y ga, go, gu

Hay palabras que tienen **dígrafos**, o dos consonantes que se escriben seguidas y forman un solo sonido, como **ch** en **chica**.

Mi TURNO Agrupa y escribe cada grupo de palabras.

Palabras de ortografía

gato	mucho	goma	gusano
chispa	gotas	derecha	chile

ch

g

Mis palabras

puede	ser

Las oraciones enunciativas

Una **oración enunciativa**, o **declarativa**, es una oración que dice algo. Hace una afirmación. Comienza con letra mayúscula y termina con punto.

El césped es verde. (dice algo sobre el césped)

Asegúrate de escribir un punto al final de una oración enunciativa.

 **Mi TURNO** Corrige los signos de puntuación de estas oraciones enunciativas.

1. ¡La planta es verde!

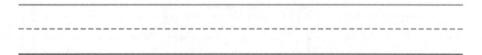

2. ¿Sé que crecerá muy alto?

Idea principal

Un libro informativo tiene una **idea principal**, o **central.** La idea principal, o central, indica el tema principal del libro. Los autores usan la idea principal, o central, para desarrollar un tema de escritura.

Mi TURNO Lee el pasaje. Escribe la idea principal, o central, del pasaje.

Primero, cava un hoyo pequeño. Luego, coloca la semilla en el hoyo. Después, cubre la semilla con tierra. Por último, riega la semilla.

_____

_____

_____

Mi TURNO Escribe una idea principal, o central, para tu libro informativo.

Hechos y detalles

Un libro informativo tiene hechos y detalles. Un **hecho** es un dato real. Un **detalle** es un dato que le agrega información a un hecho. Los autores usan hechos y detalles para desarrollar una idea principal o central. Se aseguran de que los detalles sean específicos o exactos. Se aseguran de que los detalles sean relevantes o sobre el tema.

Mi TURNO Escribe un hecho y un detalle sobre la idea principal, o central.

Idea principal: Las plantas crecen y cambian.

_____

_____

_____

_____

_____

_____

_____

_____

Mi TURNO Desarrolla hechos con detalles específicos relevantes para tu libro informativo.

Gráficas simples

Las gráficas simples le agregan detalles a un texto. Muestran la información de un modo visual. Las fotografías, ilustraciones, tablas, diagramas y mapas son ejemplos de gráficas simples.

Mi TURNO Dibuja una gráfica simple para apoyar el texto.

Mascotas

Tener una mascota puede ser divertido, ¡pero da mucho trabajo! Tienes que alimentar a tu mascota, limpiarla y jugar con ella.

Mi TURNO Incluye gráficas simples a medida que escribas tu libro informativo.

Los nombres de las crías de los animales

Las crías de los animales y los animales adultos pueden tener nombres diferentes.

Cría de animal

becerro

pichón

renacuajo

Animal adulto

paloma

rana

vaca

Pregunta de la semana

¿En qué se diferencian las crías de los animales de sus padres?

 Mi TURNO Une cada cría de animal con el animal adulto.

cervatillo

cordero

oveja

venado

Las sílabas que, qui

 **VER y DECIR** Nombra cada imagen. Cuando separas una palabra en sílabas, dices cada sílaba por separado. Separa cada palabra en sílabas. Escucha los sonidos.

Las palabras con que, qui

La combinación de la consonante **q** y la vocal **u**, **qu**, forma el sonido que escuchas al comienzo de las palabras **qué** o **quién**. La vocal **u** no se pronuncia.

Mi TURNO Lee estas palabras.

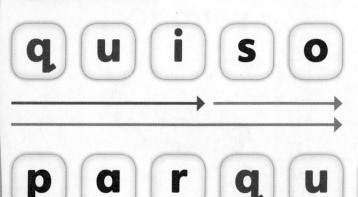

Las palabras con que, qui

 INTERCAMBIAR *ideas* Lee estas palabras con un compañero.

 mosquito   máquina   esquina

 paquete   quemado   estanque

Mi TURNO Nombra cada imagen. Escribe la sílaba **que** o **qui** para completar la palabra. Di el nombre de la imagen otra vez.

que so   par

pi ___ to   mos ___ to

Las palabras con que, qui

Mi TURNO Lee las siguientes oraciones. Subraya las palabras que tienen las sílabas **que** o **qui**.

Quique come queso. El queso es muy rico.

En la esquina hay un ratoncito.

El ratón se queda quieto.

Quique le da un poco de queso al ratón.

Mi TURNO Haz un dibujo sobre Quique y el ratón.

DESTREZAS FUNDAMENTALES

Cambiar sílabas

VER y DECIR A veces cuando le cambiamos una sílaba a una palabra, creamos una palabra nueva. Nombra las imágenes. Luego, di la sílaba que cambia.

La consonante ñ

Las sílabas que comienzan con la letra **ñ** tienen el sonido que escuchas al comienzo de la palabra **ñame**.

Mi TURNO Lee estas palabras.

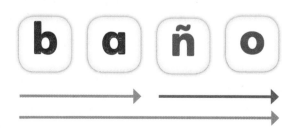

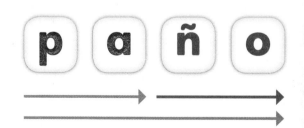

Mis palabras

Hay palabras que debes recordar y practicar.

Mi TURNO Lee las palabras.

ver	calor	granja	lluvia	también

Mi TURNO Completa las oraciones con las palabras del recuadro.

Caligrafía Escribe las palabras claramente.

1. Estamos en la ___granja___ de Pepe.

2. Vamos a _____ dónde está el pichón.

3. El pichón se baña en la _____. El pichón tiene

   _____.

4. Pepe y yo _____ tenemos calor.

La consonante ñ

INTERCAMBIAR *ideas* Lee estas palabras con un compañero.

mañana	años	paño

piña	niña	araña

Mi TURNO Escribe las sílabas que comienzan con **ñ** para completar las palabras.

1. La ni_____ come pi_____.

2. ¡Qué linda está la ma_____na!

3. La ara_____ está en su tela.

INTERCAMBIAR *ideas* Ahora lee las oraciones con un compañero.

La consonante ñ

Mi TURNO Nombra cada imagen. Escribe las sílabas con **ñ** para completar las palabras. Luego, lee las palabras.

mu __ñe__ ca   ba_____ra   pi_____ta

Mi TURNO Escribe una oración sobre uno de los dibujos.

_____

_____

_____

_____

El pequeño ñandú

El bebé ñandú es pequeño.

Sus patas también
son pequeñas.

¡Mira su piquito tan chiquito!

AUDIO
Para escuchar
y resaltar

ANOTAR

Resalta las palabras que contienen las
sílabas **que, qui.**

¡Qué saltos da mamá ñandú!

¡Salta, salta, salta!

Salta a ver a su pequeño.

Subraya las palabras que contienen la consonante **ñ**.

Hay lluvia en la granja.

El pequeño ñandú
está con su mamá.

Ella le da calor y cariño.

Resalta las palabras que contienen las
sílabas con **que** y la consonante **ñ.**

Mi meta de aprendizaje Puedo leer textos informativos.

Texto informativo

Los autores escriben textos informativos para informar a los lectores sobre un tema.

INTERCAMBIAR *ideas* Describe a un compañero un texto informativo que hayas leído. ¿Cuál es el propósito del autor para escribir el texto?

Leer con fluidez Las personas que leen con fluidez, leen textos informativos con precisión. Eso significa que no cometen errores al leer. Recuerda tomarte tu tiempo para pensar en las palabras. Lee las palabras detenidamente.

Cartel de referencia: Texto informativo

Idea principal

Detalle

Detalle

Detalle

Los textos informativos brindan información sobre un tema.

¿Cómo crecen las crías de los animales?

Primer vistazo al vocabulario

Vas a leer estas palabras en *¿Cómo crecen las crías de los animales?*

canguro	pingüino	oso polar

Leer

Lee para aprender sobre las crías de los animales.
Mira las imágenes como ayuda para entender el tema.
Hazle una pregunta sobre el texto a la autora.
Habla sobre lo que aprendiste con el texto.

Conoce a la autora

Caroline Hutchinson escribe libros sobre muchos temas científicos, incluidos las plantas, los animales, el tiempo y las estaciones.

¿Cómo crecen las crías de los animales?

por Caroline Hutchinson

AUDIO

Para escuchar
y resaltar

ANOTAR

Esta osa polar hace su hogar
en la nieve. Tiene a sus crías allí.
Duerme junto con sus crías y
les da calor.

Las crías crecen y crecen.
Juegan juntas en la nieve.

VOCABULARIO EN CONTEXTO

¿Qué significa la palabra **nieve**? ¿Cómo te ayuda la imagen a entender el significado de **nieve**?

105

Esta cangura vive en el pastizal.
Tiene una cría recién nacida.
La cría vive en su marsupio,
o bolsa.

La madre le da leche a la cría y le da calor. La cría crece y crece.

LECTURA ATENTA

¿Qué preguntas le harías a la autora? Resalta el texto sobre el cual quieres preguntar.

Este pingüino hace su hogar en el hielo. La mamá pingüino pone un huevo sobre el hielo.

La cría del pingüino sale del huevo. La madre alimenta a la cría y le da calor. La cría crece y crece.

LECTURA ATENTA

<u>Subraya</u> los detalles más importantes que cuenta la autora sobre las crías de pingüino.

Desarrollar el vocabulario

 **Mi TURNO** Subraya la palabra o frase que nombra la imagen.

canguro   pingüino

pingüino   oso polar

oso polar   pingüino

INTERCAMBIAR *ideas* Comenta con un compañero cómo puedes describir a cada animal. Usa el vocabulario nuevo en tu respuesta.

Verificar la comprensión

Mi TURNO Escribe las respuestas a las preguntas. Puedes volver a mirar el texto.

1. ¿Cómo sabes que este es un texto informativo?

_____

_____

_____

_____

2. ¿Por qué usa imágenes la autora?

_____

_____

_____

_____

3. ¿Por qué la cría de un animal necesita a su madre? Usa evidencia del texto.

_____

_____

_____

_____

Comentar el propósito del autor

El **propósito del autor** es el motivo por el cual un autor escribe un texto. Los autores escriben para informar, entretener o persuadir.

Mi TURNO Resalta el propósito de la autora para escribir *¿Cómo crecen las crías de los animales?* Vuelve a mirar el texto.

para entretener al lector con cuentos sobre las crías de los animales

para informar al lector sobre las crías de los animales

para persuadir al lector de que le gusten las crías de los animales

INTERCAMBIAR *ideas* Habla con un compañero sobre lo que te ayudó a comprender el propósito de la autora.

Hacer y responder preguntas

Los lectores generan, o hacen, preguntas para entender mejor el propósito del autor. Hacen preguntas antes, durante y después de la lectura para saber cuál podría ser el propósito del autor.

Mi TURNO Escribe una pregunta que quieras hacerle a la autora. Vuelve a mirar el texto.

_____

_____

_____

_____

_____

INTERCAMBIAR ideas Habla con un compañero sobre cómo podría responder a tus preguntas la autora.

Reflexionar y comentar

Escribir basándose en las fuentes
Piensa en otro texto que hayas leído esta semana. En una hoja aparte, compara el propósito del autor con el propósito de la autora de *¿Cómo crecen las crías de los animales?*

Usar evidencia del texto

Cuando escribas comentarios sobre textos, es importante que uses ejemplos de esos textos. Debes:

- Buscar un ejemplo de cada texto para apoyar tus ideas.
- Explicar cómo apoyan tus ideas los ejemplos.

Pregunta de la semana

¿En qué se diferencian las crías de los animales de sus padres?

Puedo formar y usar palabras para leer y escribir un texto informativo.

Mi meta de aprendizaje

Vocabulario académico

Las **claves del contexto** son palabras e imágenes que pueden ayudarte a aprender o aclarar el significado de una palabra.

Mi TURNO Lee cada oración. Encierra en un círculo la clave del contexto de cada palabra subrayada.

1. Los estudiantes observaron a las crías de los animales y <u>notaron</u> que se parecían a sus padres.

2. El hogar <u>natural</u> del animal es el bosque.

3. ¿Te das cuenta de cómo los puntos organizados forman un <u>patrón</u>?

Leer como un escritor, escribir para un lector

Los autores organizan la información de un texto para apoyar sus razones para escribir.

La madre alimenta a la cría y le da calor. La cría crece y crece.

La autora informa a los lectores cómo la madre ayuda a la cría.

INTERCAMBIAR *ideas* Busca otro ejemplo en el texto en el que la autora informe sobre algo. Habla con un compañero sobre la manera como la información apoya las razones de la autora para escribir.

Mi TURNO Escribe una oración sobre lo que quieres informar a los lectores.

_____

_____

_____

_____

Escribir palabras con que, qui y ñ

Hay palabras que tienen dos consonantes que se escriben seguidas y forman un solo sonido, como **qu** en la palabra **queso**.

Mi TURNO Agrupa y escribe cada grupo de palabras.

que, qui	ñ

Palabras de ortografía

queso

muñeca

quita

paquete

uña

chiquito

año

niño

Mis palabras

también

ella

Las oraciones interrogativas

Una **oración interrogativa** hace una pregunta.
Empieza con un signo de interrogación de
apertura y mayúscula, y termina con un signo
de interrogación de cierre.

¿Ves el pato?
(hace una pregunta)

Mi TURNO Escribe los signos de interrogación
para corregir las oraciones que sean interrogativas.

1. ¿ Es este un estanque ?

2. ___Vive aquí ese pato___

3. ___Mira el patito___

4. ___Volará el pato___

Puedo escribir un texto informativo.

Mi meta de aprendizaje

Organizar con estructura

Los autores pueden usar una idea principal, o central, para organizar su escritura. Escriben detalles que hablan sobre una idea principal, o central.

Mi TURNO Halla la idea principal y los detalles de un libro informativo.

Idea principal

_____

_____

_____

_____

Detalles

_____

_____

_____

_____

Mi TURNO Organiza tu libro informativo en una estructura para desarrollarlo.

Elementos e imágenes

Los autores incluyen elementos e imágenes en su escritura para agregar más detalles sobre el texto.

Mi TURNO Escribe una oración que apoye cada imagen.

Mi TURNO Agrega detalles a tu borrador con elementos o imágenes para editarlo.

Introducción y conclusión

Una **introducción** es el comienzo de la escritura y presenta el tema. Una **conclusión** es el final de la escritura.

Mi TURNO Lee el texto. Subraya la introducción. Escribe una oración de conclusión.

Las crías de pingüino

Las crías de pingüino necesitan a la madre y al padre al nacer. La mamá pingüino pone el huevo. El papá pingüino mantiene el huevo abrigado. Cuando la cría sale del cascarón, la madre lo alimenta.

_____

- - - - - - - - - - - - - - - - - - -

_____

_____

- - - - - - - - - - - - - - - - - - -

_____

- - - - - - - - - - - - - - - - - - -

_____

Mi TURNO Desarrolla una introducción y una conclusión para tu libro informativo.

Mi TURNO Encierra en un (círculo) las palabras que hablan del invierno.

Canción

Sopla, sopla el viento norte,

esta noche va a nevar.

¿Qué va a hacer el jilguero?

El jilguerito, ¿qué hará?

Pregunta de la semana

¿Cómo cambian las plantas y los animales con las estaciones?

Se sentará en el granero
y allí se calentará.
En el manto de las alas
su cabeza esconderá.

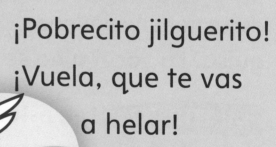

¡Pobrecito jilguerito!
¡Vuela, que te vas
a helar!

Las palabras que riman

VER y DECIR Las palabras que riman tienen el mismo sonido medio y final. Nombra cada imagen. Luego, di otra palabra que rime con las palabras de las imágenes.

Las palabras con gue, gui

La combinación de la consonante **g** y la vocal **u**, **gu**, seguida de las vocales **e**, **i**, tiene el sonido que escuchas al comienzo de las palabras **guerrero** y **guiso**. La vocal **u** no se pronuncia.

Mi TURNO Lee estas palabras.

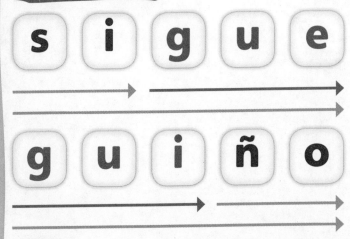

s i g u e

g u i ñ o

Las palabras con gue, gui

INTERCAMBIAR *ideas* Lee estas palabras con un compañero.

| guitarra | guiso | guisante |

| manguera | Miguel | guirnalda |

Mi TURNO Escribe **gue** o **gui** para completar las palabras.

1. Tamara toca la _____tarra.

2. El niño juega con sus ju_____tes.

INTERCAMBIAR *ideas* Ahora, lee las oraciones completas con un compañero.

Las palabras con gue, gui

Mi TURNO Lee los nombres de las imágenes.
Subraya las sílabas con **gue** y con **gui.**

guitarra **manguera** **águila**

Mi TURNO Escribe una oración que tenga
una palabra con **gue** o **gui.**

Las palabras que riman

VER y DECIR Las palabras que riman tienen el mismo sonido medio y final. Nombra cada imagen. Luego, di otra palabra que rime con las palabras de las imágenes.

El dígrafo rr

Las consonantes **rr** son un **dígrafo**, es decir, forman un solo sonido. Las consonantes **r** y **r** se leen juntas y tienen el sonido que escuchas en la segunda sílaba de **perro.**

Mi TURNO Lee estas palabras.

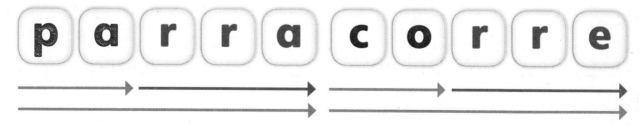

Mis palabras

Hay palabras que debes recordar y practicar.

MiTURNO Lee las palabras.

frío	comer	mueve	dentro	dormir

MiTURNO Completa las oraciones con las palabras del recuadro. Lee las oraciones.

1. Miguel se arropa dentro de la cama.

2. Tiene mucho _____. Miguel quiere _____ arropado.

3. ¡Algo se _____ en el piso!

4. Es su perrito. Quiere _____ su comida.

El dígrafo rr

INTERCAMBIAR *ideas* Lee estas palabras con un compañero.

carro	torre	perro

guitarra	carreta	terreno

Mi TURNO Escribe las sílabas con **rr** para completar las palabras.

1. El ca_____ de mi papá es pequeño.

2. La ja_____ tiene limonada.

3. Me pongo la go_____.

INTERCAMBIAR *ideas* Ahora lee las oraciones con un compañero.

El dígrafo rr

 Lee los nombres de las imágenes. <u>Subraya</u> las sílabas con dígrafos.

bu<u>rr</u>o

carreta

barril

 **Mi TURNO** Escribe una oración sobre una de las imágenes.

_____

_____

_____

_____

El oso Ron Ron

El oso Ron Ron come de todo.

No come guiso, pero come arándanos.

No come espagueti, pero come peras.

AUDIO

Para escuchar y resaltar

ANOTAR

Resalta las palabras que contienen las sílabas **gue** y **gui**.

¡Una urraca!
Ron Ron casi la agarra.
La urraca se mueve y se escapa de sus garras.
Ron Ron corre y corre.

<u>Subraya</u> las palabras que contienen el dígrafo **rr.**

Hace frío. Ron Ron camina
lento. ¡No consigue nada
de comer!
Se acurruca dentro de su casa.
Va a dormir.

Resalta las palabras que contienen el
dígrafo **rr** y que contienen la sílaba **gue**.

Mi meta de aprendizaje Puedo leer acerca de cómo crecen y cambian los seres vivos.

Poesía

La poesía se escribe en versos. Puede tener rima, o palabras que tienen los mismos sonidos finales. A menudo tiene ritmo, que es un patrón de acentos regulares.

La vaca lechera

Rima

Ritmo

Tengo una vaca lechera.

No es una vaca cualquiera.

Me da leche condensada,

para toda la semana.

Tolón, tolón.

Tolón, tolón.

INTERCAMBIAR *ideas* Comenta con un compañero en qué se diferencia la poesía de los textos informativos.

Cartel de referencia: Poesía

Rima

Vaca rima con **maraca**.

Ritmo

Tengo una vaca lechera.
to**LÓN**, to**LÓN**, to**LÓN**, to**LÓN**

"El flamboyán amarillo"

Primer vistazo al vocabulario

Vas a leer estas palabras en "El flamboyán amarillo".

coral	ramas	trillo	rastrillo

Leer

Lee para aprender sobre el ritmo y la rima.

Mira las imágenes como ayuda para entender el poema.

Hazte preguntas durante la lectura para comprender mejor el poema.

Habla sobre lo que te parece interesante.

Conoce a la autora

Georgina Lázaro nació en San Juan, Puerto Rico. Durante un tiempo fue maestra, pero ahora se dedica a escribir cuentos y poemas para niños.

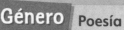

El flamboyán amarillo

escrito por Georgina Lázaro

ilustrado por Lulu Delacre

AUDIO

Para escuchar y resaltar

ANOTAR

137

Hace tiempo y no hace tanto,
unos años nada más,
fui a un paseo por el campo
de la mano de mamá.

Caminamos un buen rato,
la vereda se hizo trillo
y allá, a lo lejos, lo vimos;
un flamboyán amarillo.

Atraídos por su oro

recorrimos largo trecho.

El monte se hizo más monte,

el camino más estrecho

y el paisaje más hermoso

que una obra de Murillo.

¡Era una visión tan bella...

un flamboyán amarillo!

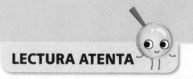

LECTURA ATENTA

Lee las páginas en voz alta. Aplaude
cuando escuches palabras que riman.
<u>Subraya</u> las palabras donde aplaudiste.

Merendamos a su sombra.

Hacía un calor sofocante.

Era pleno mes de junio,

lo recuerdo como antes.

Miré a mamita a la cara

y vi en sus ojos un brillo.

Sé que estaba enamorada

del flamboyán amarillo.

Mientras ella descansaba

yo me entretuve jugando,

y se me ocurrió una idea:

Así, corriendo y saltando,

recogí una semillita

y la puse en mi bolsillo.

Allí guardaba el comienzo

de un flamboyán amarillo.

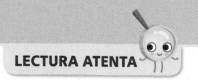

LECTURA ATENTA

Resalta los versos que hablan del verano.

Cuando llegamos a casa
colocamos la semilla
en una maceta grande,
muy bonita y muy sencilla.

La pusimos con cuidado
a la sombra, en los ladrillos.
¡Qué feliz nacería aquí
mi flamboyán amarillo!

Entonces pasaron meses.

Fue creciendo el arbolito.

Y cuando estuvo más fuerte,

en el momento preciso,

buscamos la
  carretilla,

la pala y hasta
  el rastrillo

para trasplantar
  el árbol;

mi flamboyán
  amarillo.

LECTURA ATENTA

Subraya las frases que se repiten.

Una noche en que soñaba
con mi árbol florecido,
con niños que le cantaban,
con tesoros escondidos...

"Tiene un secreto tu árbol",
cantando me dijo un grillo.
"Tiene un secreto tu árbol,
tu flamboyán amarillo".

Pasaron algunos años,
ya la cuenta la perdí.
Yo cuidaba de mi árbol,
mamá cuidaba de mí.

A él le salieron
    más ramas,
yo mudé hasta
    los colmillos.
Y crecimos, yo y
    mi árbol;
mi flamboyán
    amarillo.

LECTURA ATENTA

Resalta las frases que describen cambios
en el niño y el árbol.

Y otra mañana de junio,
tan bonita como aquella,
mi vida se hizo jardín
y en él se posó una estrella
cuando vi por la ventana,
al pasar por el pasillo,
que había florecido el árbol,
mi flamboyán amarillo.

No había oro entre sus ramas.

Había coral, fuego y sangre,

como el amor que a mi tierra

me enseñó a darle mi madre.

Y entonces supe el secreto,

aquél del que me habló el grillo:

¡Había florecido rojo

mi flamboyán amarillo!

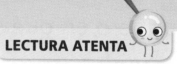

LECTURA ATENTA

<u>Subraya</u> las frases que tienen sonidos que
se repiten.

Desarrollar el vocabulario

Mi TURNO Escribe la palabra que completa cada oración.

trillo	coral	ramas	rastrillo

El cielo está de color rojo coral.

Usa un _____ para sacar las hojas.

Al árbol le crecieron _____.

Los caminantes formaron un _____.

INTERCAMBIAR ideas Comenta con tu compañero en qué se parecen las palabras del recuadro.

Verificar la comprensión

Mi TURNO Escribe las respuestas a las preguntas. Puedes volver a mirar el texto.

1. ¿Cómo sabes que este texto es poesía?

_____

_____

_____

_____

2. ¿Por qué usa la autora las palabras **calor sofocante**?

_____

_____

_____

_____

3. ¿En qué se parecen el flamboyán y el niño?

_____

_____

_____

_____

Describir los elementos de la poesía

Los poemas pueden tener rima y ritmo. Las palabras que **riman** tienen los mismos sonidos medios y finales. El **ritmo** es un patrón de sílabas acentuadas en los versos.

Mi TURNO Haz un dibujo que muestre los versos que riman de la última estrofa del poema.

INTERCAMBIAR *ideas* Con un compañero, aplaude el ritmo de la primera estrofa de "El flamboyán amarillo".

Comprender nuevos conceptos

Cuando sintetizas, o reúnes información a medida que lees, estás comprendiendo nuevos conceptos.

MI TURNO ¿Qué nuevos conceptos puedes comprender con estos detalles? Vuelve a mirar el texto.

Detalles

Mis nuevos conceptos

Reflexionar y comentar

En tus palabras

Leíste sobre un árbol que da semillas, que luego crecen y forman un nuevo árbol, diferente del primero. ¿Qué otros seres vivos que crecen y cambian conoces? ¿En qué se parecen esos seres vivos al flamboyán?

Escuchar a los demás

Cuando hables con otros, es importante que:

- Escuches educadamente.
- Comentes tus ideas cuando sea tu turno.

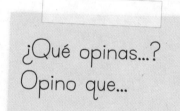

¿Qué opinas...?
Opino que...

Usa las palabras de la nota como ayuda.

Ahora comparte tus ideas.

Pregunta de la semana

¿Cómo cambian las plantas y los animales con las estaciones?

Puedo formar y usar palabras para conectar la lectura y la escritura.

Mi meta de aprendizaje

Vocabulario académico

Las **partes de las palabras** pueden agregarse a veces a las raíces de las palabras para formar nuevas palabras con significados diferentes.

La parte de la palabra **-able** significa "**capaz de**".

MiTURNO Escribe la parte de la palabra correcta para formar una palabra que coincida con la definición.

	Definición
razon_able_	capaz de razonar
not____	que se puede notar

Leer como un escritor, escribir para un lector

Los autores usan palabras para ayudar a los lectores a imaginar el aspecto, textura, sonido, sabor y olor de las cosas.

Hacía un **calor** sofocante. ◀··········
Era pleno mes de junio.

La autora eligió esta palabra para ayudar a los lectores a visualizar el calor del verano.

INTERCAMBIAR *ideas* ¿De qué manera la palabra "sofocante" te ayuda a visualizar, o imaginar, el verano? Coméntalo con un compañero.

Mi TURNO Escribe oraciones con palabras que cuenten qué aspecto, sonido u olor tiene tu clase. Las palabras deben ayudarte a imaginar la clase.

_____

_____

_____

_____

_____

Escribir palabras con gue, gui y el dígrafo rr

Cuando las letras **gu** van seguidas de las vocales **e** o **i** en la misma sílaba, la **u** no se pronuncia. Los **dígrafos** son dos letras que tienen un solo sonido.

 Agrupa y escribe las palabras.

gue, gui	rr

Palabras de ortografía

sigue

arriba

corre

águila

perro

guisante

guiño

torre

Mis palabras

allí

mueve

Las oraciones exclamativas

Una **oración exclamativa** expresa un sentimiento fuerte o una sorpresa. Empieza con signo de exclamación de apertura y mayúscula, y termina con signo de exclamación de cierre.

¡Lo logré! (expresa un sentimiento fuerte)

Mi TURNO Agrega signos de exclamación para corregir las oraciones exclamativas.

1. ___ Alto ahí ___

2. ___ Vaya, mira eso ___

3. ___ Me llamo María ___

4. ___ Cuidado ___

Mi TURNO Escribe una oración exclamativa en una hoja aparte.

Puedo escribir un texto informativo.

Corregir el uso de mayúsculas

Los autores usan mayúsculas al comienzo de las oraciones, los nombres y apellidos de las personas, los continentes, países y ciudades.

Mi amigo **S**amuel **P**érez vive en **T**exas.

Mi TURNO Corrige el uso de mayúsculas en estas oraciones. Escribe las palabras correctamente.

1. ¿qué día vendrá maría a méxico?

_____

_____

2. juan lópez vive en chicago.

_____

_____

3. ¡a lina le encanta ir a europa!

_____

_____

Mi TURNO Corrige el uso de mayúsculas en tu libro informativo.

Corregir el uso de adjetivos

Un **adjetivo posesivo** se coloca junto a un sustantivo para determinar a quién o qué le pertenece algo.

puse la semilla en **mi** bolsillo
(el bolsillo es de la persona que habla)

el árbol nos dio **su** sombra
(la sombra es del árbol)

Mi TURNO Escribe el adjetivo posesivo que corresponde en cada oración.

Tengo una pelota. Es <u>mi</u> juguete.

María tiene un gatito. Es _____ mascota.

Tenemos una casa. Es _____ hogar.

Mi TURNO Corrige el uso de adjetivos posesivos en tu libro informativo.

Corregir oraciones completas con concordancia entre sujeto y verbo

Una oración cuenta una idea completa. Tiene un sujeto y un verbo que deben concordar.

Cuando escribes algo sobre otras personas o animales, agrega **-n** a los verbos que dicen lo que hacen en ese momento.

Mi TURNO Corrige los verbos subrayados de estas oraciones.

1. Los osos <u>duerme</u> en invierno.

   duermen

2. Los zorros árticos <u>cava</u> la tierra.

Mi TURNO Corrige la concordancia entre sujeto y verbo en tu libro informativo.

Oda a mis zapatos

por Francisco X. Alarcón

mis zapatos

descansan

toda la noche

bajo mi cama

cansados

se estiran

se aflojan

las cintas

muy anchos

se duermen

y sueñan

con andar

Pregunta de la semana

¿Cómo crecen y cambian las personas con el tiempo?

recorren

los lugares

adonde fueron

en el día

y amanecen

contentos

relajados

suavecitos

INTERCAMBIAR *ideas* Conversa con un compañero sobre tus experiencias al crecer. ¿Alguna vez te han quedado apretados los zapatos?

Cambiar sílabas

 **VER y DECIR** A veces podemos cambiar una sílaba de una palabra para crear una palabra nueva. Nombra cada imagen. ¿Qué sílaba cambia en la primera palabra para crear la segunda palabra?

La consonante j

Algunas palabras tienen el sonido que escuchas al comienzo de la palabra **jarra**. Ese sonido a veces se escribe con la letra **j**.

Mi TURNO Lee estas palabras.

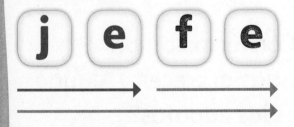

La consonante j

INTERCAMBIAR ideas Lee estas palabras. Comenta con un compañero las palabras que tienen tres o cuatro sílabas.

| jinete | jarrón | cerrojo |

| justo | mensaje | agujero |

Mi TURNO Agrega la sílaba que comienza con **j** para formar las palabras. Dibuja una línea para emparejar cada palabra con su imagen.

jarra

go

rafa

La consonante j

Mi TURNO Lee las oraciones. <u>Subraya</u> las palabras que tienen sílabas con **j**. Vuelve a leer las palabras que subrayaste. Resalta las palabras que tienen tres o cuatro sílabas.

Jimenita va a cenar junto con su mamá.

Van a comer arroz con lentejas.

Jimenita tiene sed.

Le pide un jugo a su mamá.

¡El jugo es de naranja!

Mi TURNO Escribe una oración sobre Jimenita. Usa una palabra de tres o cuatro sílabas en tu oración.

_____

_____

_____

_____

_____

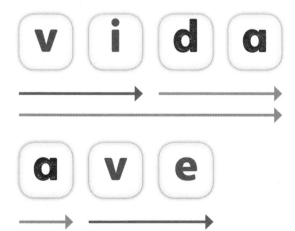
Las sílabas con v

VER y DECIR Nombra las imágenes. Cuando separas una palabra en sílabas, dices cada sílaba por separado. Separa cada palabra en sílabas. Escucha los sonidos.

La consonante v

Algunas palabras tienen el sonido que escuchas al comienzo de la palabra **vara.** Ese sonido a veces se escribe con la letra **v.**

Mi TURNO Lee estas palabras.

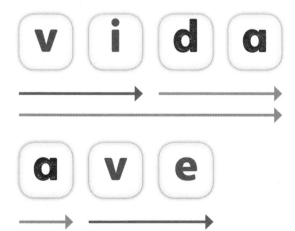

v i d a

a v e

Mis palabras

Hay palabras que debes recordar y practicar.

Mi TURNO Lee las palabras.

ve	dio	hoy	tienen	grandes

Mi TURNO Completa las oraciones con las palabras del recuadro. Lee las oraciones.

1. Tavo y su mamá _tienen_ muchas fotos.

2. Hay fotos _____ y pequeñas.

3. _____ Tavo _____ fotos de su papá.

4. Su mamá le _____ una foto de su juguete.

La consonante v

INTERCAMBIAR ideas Lee estas palabras de dos y tres sílabas con un compañero.

vaca	**vela**	**venado**

vestido	**uvas**	**pavo**

Mi TURNO Encierra en un círculo la palabra que completa la oración.

1. Fina se pone su (vestido / carro) nuevo.

2. La (vaca / banco) da leche.

3. Yo me tomo un (ajo / vaso) de jugo.

INTERCAMBIAR ideas Ahora lee las oraciones con un compañero.

La consonante v

Mi TURNO Agrega la sílaba con **v** para formar las palabras. Dibuja una línea entre cada palabra y su imagen.

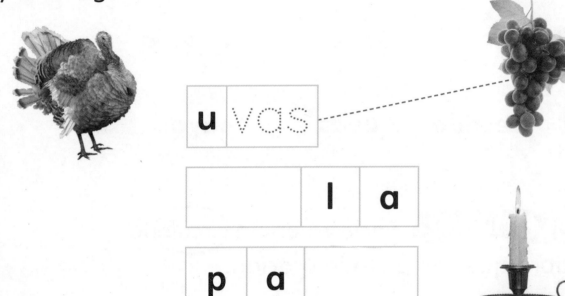

u	vas

	l	a

p	a	

Mi TURNO Escribe una oración sobre una de las imágenes.

_____

_____

_____

_____

Las fotos de Tavo

Hoy Tavo sacó una foto de la caja.

—¡Este era mi juguete! —dijo.

¡Era su jirafa anaranjada!

AUDIO

Para escuchar y resaltar

ANOTAR

Resalta las palabras que contienen la consonante **j**.

Tavo sacó una foto.

Dio un salto.

—¡Es mi mamá! ¡Se ve tan joven! —dijo.

Subraya las palabras que contienen la consonante v.

Tavo bajó a la sala.

—¡Tienen lindas fotos! —les dijo a sus papás.

Mamá sacó una foto ajada de papá.

—¡Qué ojos tan grandes, papá! —dijo Tavo.

<u>Subraya</u> las palabras que contienen la consonante **j**.

Mi meta de aprendizaje

Puedo leer acerca de cómo crecen y cambian los seres vivos.

Obra de teatro

Una obra de teatro es un cuento escrito para ser actuado ante otras personas. Tiene personajes y ambiente. Tiene diálogo, que es lo que dicen los personajes.

Ambiente ⟶ •En la sala

Personajes ⟶ **KIM:** ¡Está nevando! Necesito mi abrigo.

PAPÁ: Es demasiado pequeño.

Diálogo ⟶ •Ponte este, que es más grande.

KIM: Gracias, papá.

INTERCAMBIAR ideas ¿En qué se diferencia una obra de teatro de un texto informativo? Coméntalo con un compañero.

Cartel de referencia: Obra de teatro

Una obra de teatro tiene...

Personajes
las personas que aparecen en la obra

Ambiente
dónde y cuándo tiene lugar un cuento

Argumento
la historia

Diálogo
las palabras que dicen los personajes

Unos zapatos más grandes para la gran carrera

Primer vistazo al vocabulario

Vas a leer estas palabras en *Unos zapatos más grandes para la gran carrera.*

nuevos	rápido	grandes	pequeños

Leer

Mira las imágenes. Haz una predicción, o adivina algo, sobre el texto.

Lee para verificar que tu predicción sea correcta.

Haz preguntas sobre las partes confusas.

Habla sobre los sucesos con un compañero.

Conoce al autor

Wade Hudson escribe para contar sobre la vida de los afroamericanos. Wade cree que los buenos libros marcan la diferencia en la vida de los niños.

Unos zapatos más grandes para la gran carrera

escrito por Wade Hudson

ilustrado por Tracy Bishop

Personajes
TOMI   CALVIN   DARÍO

Ambiente
UNA SALA

 AUDIO
Para escuchar y resaltar

 ANOTAR

TOMI: Mira mis zapatos para correr rápido. Son muy pequeños.

DARÍO: Mira mis zapatos
para correr rapidísimo.
También son muy pequeños.

LECTURA ATENTA

Las obras de teatro tienen personajes.
Subraya los nombres de los personajes.

177

TOMI: Necesito unos zapatos
nuevos para correr. Voy a correr
en una gran carrera.

DARÍO: Necesito unos zapatos nuevos para correr. Yo también voy a correr en una gran carrera.

LECTURA ATENTA

Resalta los detalles que te ayudan a conocer a los personajes. Usa los dibujos también.

Tomi señala los zapatos de Darío.

TOMI: Darío, ¿me prestas tus zapatos para correr rapidísimo?

DARÍO: Te presto mis zapatos para correr rapidísimo, Tomi.

LECTURA ATENTA

Las obras de teatro tienen diálogos que cuentan lo que dicen los personajes. Subraya el diálogo.

DARÍO: Pero ahora no tengo zapatos para correr rapidísimo. ¿Qué hago?

TOMI: Tal vez Calvin te puede ayudar.

Entra Calvin, sonriente.

CALVIN: Mis zapatos para correr rapidísimo me quedan muy pequeños. Puedes quedártelos, Darío.

TOMI Y DARÍO: ¡Ahora los dos tenemos zapatos para la gran carrera!

LECTURA ATENTA

Resalta los detalles que te ayudan a conocer a los personajes. Usa los dibujos también.

Desarrollar el vocabulario

Algunas palabras pueden tener el mismo significado general y aun así tener significados levemente diferentes, o **matices de significados**.

Mi TURNO Une las palabras que tienen el mismo significado general.

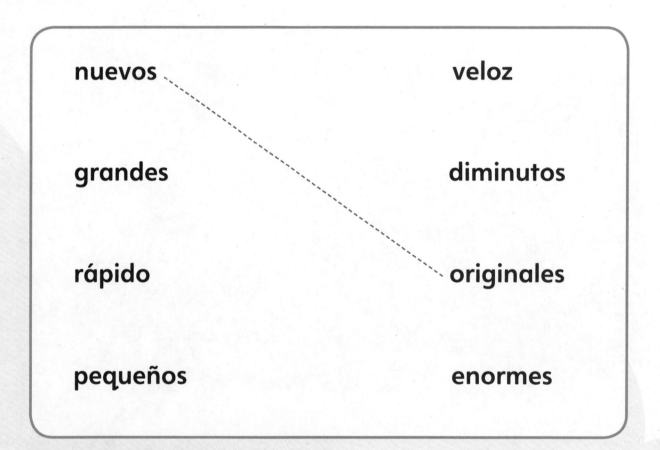

nuevos	veloz
grandes	diminutos
rápido	originales
pequeños	enormes

INTERCAMBIAR *ideas* Busca los pares de palabras en un diccionario. Comenta con un compañero de qué manera las palabras de cada par tienen significados levemente diferentes.

Verificar la comprensión

Mi TURNO Escribe las respuestas a las preguntas. Puedes volver a mirar el texto.

1. ¿Qué partes del texto te ayudan a saber que es una obra de teatro?

_____
_____
_____
_____

2. ¿En qué quiere el autor que pensemos cuando leemos este texto?

_____
_____
_____
_____

3. ¿Por qué Calvin puede ayudar? Usa evidencia del texto.

_____
_____
_____
_____

Identificar los elementos de una obra de teatro

Las obras de teatro tienen personajes, ambiente y diálogos. El **diálogo** son las palabras que dicen los personajes.

Mi TURNO ¿Qué elementos de una obra de teatro hay en *Unos zapatos más grandes para la gran carrera*? Vuelve a mirar el texto.

Personajes

Ambiente

Diálogo

INTERCAMBIAR ideas Habla con un compañero sobre los personajes y el ambiente de *Unos zapatos más grandes para la gran carrera*.

Hacer inferencias

Los lectores hacen inferencias cuando usan lo que saben y lo que leyeron para comprender el texto.

Mi TURNO ¿Qué inferencia puedes hacer sobre los personajes? Vuelve a mirar el texto.

A Tomi y a Darío les gusta _____

_____

Calvin es _____

porque _____

_____

INTERCAMBIAR *ideas* Habla con un compañero sobre la evidencia del texto que apoya tu inferencia.

Reflexionar y comentar

Escribir basándose en las fuentes
Piensa en los textos que leíste esta semana. ¿Qué texto te gustó más? En una hoja aparte, escribe tu opinión.

Enunciar una opinión

Cuando enuncias una opinión, cuentas lo que piensas o sientes sobre un tema. Debes:

- Mencionar una razón para opinar así.
- Usar la palabra **porque** para explicar tu razón.
- Usar ejemplos del texto para apoyar tu opinión.

Pregunta de la semana

¿Cómo crecen y cambian las personas con el tiempo?

Puedo formar y usar palabras para conectar la lectura y la escritura.

Mi meta de aprendizaje

Vocabulario académico

 **Mi TURNO** Lee cada oración. Marca **sí** o **no**.

	Sí	No
Es **natural** que los seres vivos crezcan y cambien.		
Las flores pueden tener **patrones**.		
Nuestros cinco sentidos nos ayudan a **notar** cosas.		
Es importante tener una **razón** para apoyar una opinión.		

INTERCAMBIAR *ideas* Habla sobre tus respuestas con un compañero. Usa el vocabulario nuevo en tus respuestas.

Leer como un escritor, escribir para un lector

A veces, los autores escogen palabras interesantes para describir algo importante.

> Voy a correr en una
> gran **carrera**.

El autor usa un adjetivo interesante para describir la carrera.

 Mi TURNO Escribe sobre algo que sea importante para ti. Usa una palabra interesante para describirlo.

_____

_____

_____

_____

Escribir palabras con j y v

Mi TURNO   Agrupa y escribe las palabras.

Palabras de ortografía

debajo	estuvo	vaca	jugo
vida	jamón	jefe	vicuña

j
_____

v
_____

Mis palabras

dio	grandes

_____

Las oraciones imperativas

Una **oración imperativa** da una orden o hace una solicitud. Comienza con letra mayúscula y termina con punto final.

Tomen un lápiz. (da una orden)

Mírame, por favor. (hace una solicitud)

Mi TURNO Corrige los signos de puntuación de estas oraciones imperativas.

1. Dame los zapatos? _____

2. Da vuelta a la página, Max! _____

3. Mira a la izquierda _____

Mi TURNO Escribe una oración imperativa.

_____

_____

Puedo escribir un texto informativo.

Mi meta de aprendizaje

Corregir el uso de mayúsculas

Repasa las reglas del uso de mayúsculas.

Usa mayúscula:

- para comenzar oraciones.
- para los nombres de personas.
- para los nombres de estados, ciudades y países.

Mi TURNO Subraya las palabras que deben comenzar con mayúscula.

Yo vivo en texas. fui al zoológico. Mi hermana julia quería ver la nueva jirafa. miramos a la cría de jirafa que jugaba con su mamá.

Mi TURNO Corrige el uso de mayúsculas en tu libro informativo.

Corregir las comas

Las comas se usan para escribir fechas. También se usan para separar las palabras de una lista, o serie.

miércoles, 10 de junio de 2020 (coma entre el día de la semana y la fecha)

Podemos caminar, correr, nadar y saltar. (coma después de cada palabra de una lista)

Mi TURNO Escribe comas en el lugar correcto de cada oración.

1. La carrera es el domingo, 17 de mayo de 2020.

2. Necesitamos zapatos camisetas pantalones cortos y sombreros.

3. Celebremos la carrera el martes 2 de junio.

4. ¿Podrías traer tiza cinta lápices y un altavoz?

Mi TURNO Corrige el uso de comas en tu libro informativo.

Evaluación

En esta unidad, aprendiste a escribir un libro informativo.

Mi TURNO Lee la lista. Haz una marca junto a lo que puedes hacer.

☐ Puedo hacer una lluvia de ideas sobre un tema y una idea principal, o central.

☐ Puedo organizar mi libro informativo.

☐ Puedo escribir una introducción y una conclusión.

☐ Puedo agregar hechos y detalles.

☐ Puedo hacer dibujos e ilustraciones.

☐ Puedo usar correctamente los sustantivos y los verbos.

☐ Puedo corregir el uso de las mayúsculas y las comas.

COMPARAR TEXTOS

TEMA DE LA UNIDAD

Veo, veo

 Mi TURNO

Vuelve a mirar cada texto. Busca imágenes que muestren cómo cambia y crece un ser vivo. Escribe el número de página de la imagen.

¿Cómo crecen las crías de los animales?

Ejemplo de cambio:

Página _____ _____ _____

SEMANA 3

CLUB del LIBRO

SEMANA 2

El ciclo de vida de un girasol

Ejemplo de cambio:

Página _____ _____

CLUB del LIBRO

SEMANA 1

El ciclo de vida de una rana

Ejemplo de cambio:

Página _____ _____

CLUB del LIBRO

"El flamboyán amarillo"

Ejemplo de cambio:

Página _____ _____ _____

SEMANA 4

CLUB del LIBRO

SEMANA 5

Unos zapatos más grandes para la gran carrera

Ejemplo de cambio:

Página _____ _____ _____

Pregunta esencial

Mi TURNO

¿Cómo crecen y cambian los seres vivos?

CLUB del LIBRO

Proyecto

SEMANA 6

Es hora de poner en práctica lo que aprendiste sobre crecer y cambiar en tu **PROYECTO DE LA SEMANA 6**: ¡Nuevo en el zoológico!

Las sílabas ge, gi

VER y DECIR Nombra las imágenes. Cuando separas una palabra en sílabas, dices cada sílaba por separado. Separa cada palabra en sílabas. Escucha los sonidos.

Las palabras con ge, gi

Las sílabas **ge** y **gi** tienen el sonido que escuchas al comienzo de las palabras **gente** y **girasol**. Ese sonido a veces se escribe con la letra **g**.

Mi TURNO Lee estas palabras.

general

girar

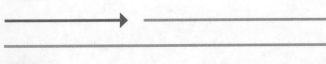

Las palabras con ge, gi

INTERCAMBIAR *ideas*   Lee estas palabras con un compañero.

gema	**gigante**	**escoger**

gentil	**imagina**	**gelatina**

Mi TURNO   Escribe **ge** o **gi** para completar cada palabra. Ahora lee las palabras. Identifica las palabras que tienen tres sílabas. Luego, identifica la palabra que tiene cuatro sílabas.

girasol

melos

gante

latina

Leer juntos

Las palabras con ge, gi

Mi TURNO Lee las oraciones. <u>Subraya</u> las palabras con la sílaba **ge** o **gi**.

Los <u>ge</u>melos Roberto y <u>Gi</u>lberto van al mar.

Recogen conchas marinas que parecen gemas.

Son generosos y gentiles.

Escogen las más bonitas para su mamá, Regina.

Mi TURNO Escribe una oración nueva sobre Gilberto y Roberto.

_____

_____

_____

_____

Escribir palabras con ge, gi y r final

 **Mi TURNO** Agrupa y escribe las palabras.

Palabras de ortografía			
recogen	ágil	escogen	gigante
parque	arman	orden	perlas

ge, gi

_____

_____

_____

_____

_____

_____

sílabas con r final

_____

_____

_____

_____

_____

_____

Mis palabras	
va	mejor

_____   _____

Las sílabas cerradas con r

VER y DECIR Nombra las imágenes. Cuando separas una palabra en sílabas, dices cada sílaba por separado. Separa las últimas dos palabras en sílabas. Escucha el sonido de la **r** al final de las sílabas.

La consonante r final

Algunas palabras tienen sílabas que terminan con el sonido que escuchas al final de la palabra **vivir**. Ese sonido se escribe con la letra **r**. La **r** final forma sílabas cerradas.

Mi TURNO Lee estas palabras.

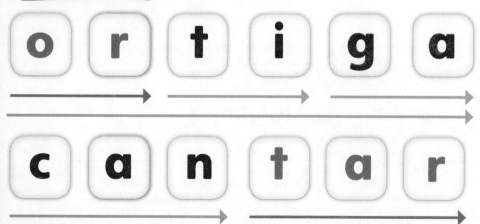

Mis palabras

Hay palabras que tienes que recordar y practicar.

Mi TURNO Lee las palabras.

va	sí	muy	mejor	lugar

Mi TURNO Completa cada oración con una palabra del recuadro. Lee las oraciones.

1. Mi jardín es un _lugar_ lindo.

2. No es _____ grande.

3. Pero _____ es colorido.

4. Mi papá _____ al jardín al volver de su trabajo.

5. ¡Es el _____ jardín!

La consonante r final

INTERCAMBIAR *ideas* Lee estas palabras con un compañero.

arpa	lector
árbol	mujer
verde	poner

Mi TURNO Lee estas oraciones. <u>Subraya</u> las palabras que tienen sílabas que terminan con **r**.

1. Las ramas del <u>árbol</u> son <u>largas</u> y delgadas.

2. Tenemos clase de arte esta tarde.

3. Vamos a cenar en el jardín.

La consonante r final

Mi TURNO Agrega **r** para completar las sílabas. Dibuja una línea entre cada palabra y su imagen.

p e r l a s

d ó l a

c o l o

t o t u g a

Mi TURNO Escribe una oración. Usa una palabra con una sílaba que termina con **r**.

Tomás y su tortuga Sarita

 AUDIO

Para escuchar
y resaltar

ANOTAR

Tomás carga una tortuga.

Se llama Sarita.

Tomás saca a Sarita al jardín.

Resalta las palabras que contienen la consonante **r** final.

Una tarde Sarita va a una parte retirada del jardín.

¡Es un lugar lindísimo!

Subraya las palabras que contienen la consonante **r** final.

Sarita ve girasoles que son gigantes.

Ve geranios de muchos colores.

¡Ve cosas que nunca pudo imaginar!

Resalta las palabras que contienen las sílabas **ge** o **gi**.

¡NUEVO en el zoológico!

Actividad

El zoológico quiere un nuevo animal. Escribe una carta al encargado del zoológico. Da tu opinión sobre qué animal sería mejor y di por qué.

INVESTIGACIÓN

¡Vamos a leer!
Esta semana vas a leer tres artículos sobre animales.

1 Animales en zoológicos

2 Las escuelas necesitan clubes de observación de aves

3 De aventura en un safari

COLABORAR Con un compañero, escoge un animal para investigar. ¿Qué dos preguntas tienes sobre este animal?

Usa el vocabulario académico

COLABORAR En esta unidad, aprendiste muchas palabras nuevas. Con tu compañero, usa algunas de estas palabras nuevas para hablar sobre la imagen.

Plan de investigación: Animales en zoológicos

Día 1: Genera preguntas para la investigación.

Día 2: Lleva a cabo la investigación sobre un animal.

Día 3: Escribe una carta al encargado del zoológico.

Día 4: Revisa y corrige tu carta.

Día 5: Presenta tu carta a la clase.

¿Qué opinas?

A veces, los autores tratan de hacerte pensar o hacer algo. Piensa en las razones que da un autor. Usa lo que aprendes para escribir tu carta.

COLABORAR Con un compañero, lee "Las escuelas necesitan clubes de observación de aves". Luego, completa la tabla sobre el artículo.

Opinión del autor ¿Qué quiere el autor que pienses?	
Razones del autor ¿Qué razones da el autor?	
Palabras persuasivas ¿Puedes encontrar algunas palabras persuasivas?	

¡Pregúntale a un experto! 🔍 INVESTIGACIÓN

Una **fuente** es una persona, libro o página web que tiene la información que te sirve para responder preguntas. _____

Mi animal favorito del zoológico es _____

Dos preguntas sobre ese animal son

_____

_____

_____

_____

COLABORAR Encierra en un (círculo) la fuente que consultarás para encontrar la información que responda a tus preguntas.

libros

computadora

bibliotecaria

Carta de opinión

Las cartas de opinión incluyen opiniones, razones, hechos y palabras persuasivas para intentar convencer a los lectores de pensar o hacer algo.

Estimado señor Hernández:

Creo que los osos polares son los mejores animales para agregar al zoológico. La gente se alegrará al verlos crecer.

Los osos polares son pequeños cuando nacen. ¡Pero crecen rápidamente!

de,

Susana Gómez y

Diana Ponce

Palabra persuasiva

Opinión

Razón

Hecho

¡Ve al zoológico!

 INVESTIGACIÓN

COLABORAR Si necesitas más información para responder tus preguntas, puedes usar el sitio web de un zoológico. Sigue estos pasos:

1. Ve al sitio web de tu zoológico favorito.

2. Escribe el nombre del animal que buscas en la ventana de búsqueda.

3. Busca un dato nuevo sobre tu animal.

COLABORAR Con un compañero, halla un dato nuevo sobre tu animal.

_____

Mi nuevo dato: _____

_____

¡Ilústralo!

Puedes hacer que tu carta tenga más impacto agregando una imagen o un diagrama.

Las fotos y los dibujos ayudan a tus lectores a formarse una imagen sobre tu tema.

Los diagramas muestran las partes de un tema.

Oreja

Ojo

Hocico

Garras

Cola

Pata

COLABORAR Con un compañero, escoge un dibujo, una foto o un diagrama para mostrárselo a la clase cuando presentes tu proyecto.

Revisa

 **COLABORAR** Lee tu carta a un compañero.

¿Encerraste **sí** o **no** en un círculo?

¿Revisaste		
tu opinión?	sí	no
tus razones?	sí	no
tus datos?	sí	no

Corrige

COLABORAR Vuelve a leer tu carta.

Fíjate en

☐ la ortografía

☐ la puntuación

☐ las letras mayúsculas

Presenta

 **COLABORAR** Presenta, o comparte, tu carta.

Recuerda que debes seguir las normas de conducta para **hablar y escuchar.**

- Habla con claridad y a un ritmo apropiado.

- Sigue las normas del lenguaje.

- Escucha activamente.

Reflexiona

 **Mi TURNO** Completa las oraciones.

Algo que me gusta de mi carta de opinión es

_____
- -
_____
- -
_____.

Algo que cambiaría la próxima vez es

_____
- -
_____
- -
_____.

Reflexiona sobre tus metas

Vuelve a mirar tus metas de la unidad. Usa otro color para volver a calificarte.

Mi TURNO Completa las oraciones.

Reflexiona sobre tus lecturas

El texto que más me gustó de esta unidad es

_____

_____

_____

_____

_____ .

Reflexiona sobre tu escritura

Lo mejor que escribí en esta unidad es

_____

_____

_____

_____

_____ .

Cómo usar un glosario ilustrado

Un glosario ilustrado sirve para buscar palabras. Las palabras están agrupadas por temas. El tema de este glosario ilustrado es **Direcciones** y **posiciones**. Mira las imágenes e intenta leer las palabras. Las imágenes te ayudarán a comprender el significado de las palabras.

Ejemplo:

Esta es una imagen de la palabra.

Esta es la palabra que estás aprendiendo.

encima

INTERCAMBIAR *ideas* Busca la palabra **debajo** en el glosario ilustrado. Usa la palabra en varias oraciones para asegurarte de que entiendes su significado.

Direcciones y posiciones

arriba

abajo

adelante atrás

debajo

superior

inferior

Cómo usar un recurso digital

Puedes usar un **recurso digital,** como un glosario en línea, para buscar el significado de las palabras que no están en este glosario. Escribe la palabra o frase que estás buscando en el recuadro de búsqueda. Cuando aprietes la tecla *"enter"*, aparecerá la palabra o frase.

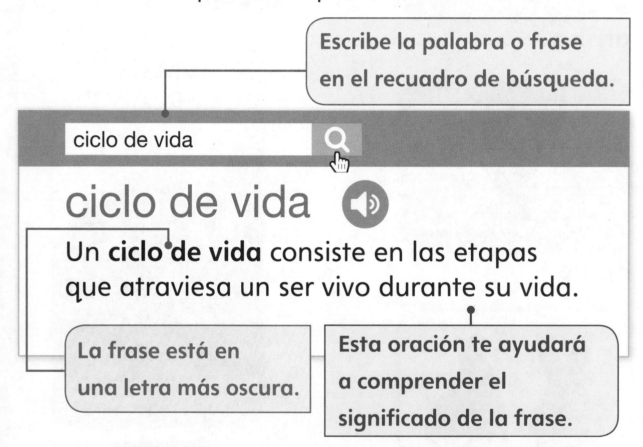

Escribe la palabra o frase en el recuadro de búsqueda.

ciclo de vida

ciclo de vida

Un **ciclo de vida** consiste en las etapas que atraviesa un ser vivo durante su vida.

La frase está en una letra más oscura.

Esta oración te ayudará a comprender el significado de la frase.

Mi TURNO Busca la palabra **hibernar** en un recurso digital. Haz un dibujo del significado de la palabra.

Bb

branquias Las **branquias** son partes del cuerpo que ayudan a los peces y a los renacuajos a respirar bajo el agua.

Cc

canguro Un **canguro** es un animal australiano que tiene patas delanteras pequeñas y patas traseras muy fuertes para saltar. La hembra tiene un marsupio adelante para llevar a su cría.

capullo Los **capullos** son flores que no han terminado de abrirse.

coral Algo de color **coral** es de color rojo intenso.

Gg

grande **Grande** es lo opuesto de pequeño.

hoja • nuevo

Hh

hoja Una **hoja** es la parte verde y plana de una planta.

huevo Un **huevo** es un objeto ovalado o redondo del cual nace una cría.

Nn

naturaleza La **naturaleza** es todo lo que existe en el mundo que no está hecho por los seres humanos.

notar Cuando **notas** algo, lo ves o lo observas.

nuevo Algo que es **nuevo** no ha sido usado nunca.

Oo

oso polar Un **oso polar** es un oso grande y blanco que vive en el Ártico.

Pp

patrón Un **patrón** es un diseño. Es la manera ordenada en que aparecen los colores o las formas una y otra vez.

pequeño **Pequeño** significa que no es grande en cuanto al tamaño, cantidad o número.

pingüino Un **pingüino** es un ave marina que bucea y nada con sus aletas, pero no vuela.

Rr

rama Las **ramas** son las partes de un árbol que nacen del tronco y que tienen las hojas, flores y los frutos.

rana • razón

rana Una **rana** es un animal pequeño que tiene la piel suave, los dedos palmeados y las patas traseras largas para saltar.

rápido **Rápido** significa veloz.

rastrillo Un **rastrillo** es un instrumento que se usa para barrer hojas o paja.

razón Una **razón** es lo que explica por qué sucedió algo.

renacuajo Un **renacuajo** es una criatura que se convierte en rana.

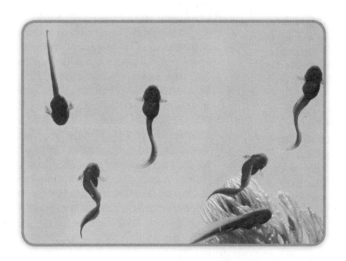

Ss

suelo El **suelo** es la capa superior de la superficie terrestre.

Tt

tallo El **tallo** es la parte de la planta que la sostiene sobre el suelo.

trillo Un **trillo** es un camino muy estrecho.

Texto

65: *El ciclo de vida de un girasol* by Linda Tagliaferro excerpted from the work entitled: The Life Cycle of a Sunflower © 2007 by Capstone. All rights reserved. Capstone Publishers.

103: *¿Cómo crecen las crías de los animales?* by Caroline Hutchinson(Pseudonym). Published by Newmark Learning, LLC, 2010. Used with permission. Newmark Learning, LLC.

137: "El flamboyán amarillo" by Georgina Lázaro León. Copyright © by Georgina Lázaro León. Used by permission of Lectorum Publications Inc. Lectorum Publications.

160: "Oda a mis zapatos" by Francisco X. Alarcón, from THE BELLY BOTTON OF THE MOON. Text Copyright © 2005 by Francisco Alarcón. Illustrations copyright © 2005 by Maya Christina Gonzalez. Permission arranged with Children's Book Press, an imprint of LEE & LOW BOOKS, Inc., New York, NY 10016. All rights not specifically granted herein are reserved. Lee & Low Books.

Fotografías

Photo locators denoted as follows Top (T), Center (C), Bottom (B), Left (L), Right (R), Background (Bkgd)

4 (BL) Theo Allofs/DigitalVision/Getty Images, (CL) Bogdan Wankowicz/Shutterstock, Zeljko Radojko/Shutterstock, Nazeri Mamat/Shutterstock, (TL) Arterra/UIG/Getty Images; **6** (Bkgd) Angelina Babii/Shutterstock, (BL) David Evison/Shutterstock; **7** (BL) Theo Allofs/DigitalVision/Getty Images, (CL) Bogdan Wankowicz/Shutterstock, Zeljko Radojko/Shutterstock, Nazeri Mamat/Shutterstock, (TL) Arterra/UIG/Getty Images; **8** (C) Elena Schweitzer/Shutterstock, (L) Veronika Synenko/Shutterstock, (R) Emanuele Ravecca/Shutterstock; **11** Andrey Kuzmin/Fotolia; **12** (Bkgd) Yeryomina Anastassiya/Shutterstock, (B) Nature Art/Shutterstock, (C) Varuna/Shutterstock, (CL) Eric Isselee/Shutterstock, (CR) Mr. Suttipon Yakham/Shutterstock; **13** (C) Vincent Noel/Shutterstock, (CL) Amelie Koch/123RF, (CR) Eric Isselee/Shutterstock; **14** (TC) Sszefei/Shutterstock, (TL) Please Remember/Shutterstock, (TR) DenisNata/Shutterstock; **15** (BL) Jamesteohart/Shutterstock, (BR) Aina Jameela/Shutterstock, (CL) DenisNata/Shutterstock, (CR) Please Remember/Shutterstock; **17** (TC) FotoRequest/Shutterstock, (TL) Creativenature.nl/Fotolia, (TR) LanKS/Shutterstock; **20** (CL) LanKS/Shutterstock, (CR) FotoRequest/Shutterstock, (TL) Creativenature.nl/Fotolia, (TR) Alexandra Lande/Shutterstock; **24** Jps/Shutterstock; **27** Arterra/UIG via Getty Images; **28** Max Daniel Padt/Shutterstock; **29** Brano Molnar/Shutterstock; **30** Jiri Vaclavek/Shutterstock; **31** Nature Photographers Ltd/Alamy Stock Photo; **32** Brian Bevan/Alamy Stock Photo; **33** Nature Photographers Ltd/Alamy Stock Photo; **34, 35** NHPA/Science Source; **36** Claude Nuridsany & Marie Perennou/Science Source; **37** Juniors Bildarchiv GmbH/Alamy Stock Photo; **38** (BCR) Brano Molnar/Shutterstock, (BR) Brian Bevan/Alamy Stock Photo, (TCR) Nature Photographers Ltd/Alamy Stock Photo, (TR) Max Daniel Padt/Shutterstock; **47** Jps/Shutterstock**52** (TC) Everything/Shutterstock, (TL) Sergio33/Shutterstock, (TR) Prapann/Shutterstock; **53** (BR) Lipskiy/Shutterstock, (CL) Axel Bueckert/Shutterstock, (BL) Kated/Shutterstock, (CR) Pan Xunbin/Shutterstock; **54** Axel Bueckert/Shutterstock; **55** (TC) Dny3d/Shutterstock, (TL) Addkm/Shutterstock, (TR) Wiklander/Shutterstock; **58** (CL) Dny3d/Shutterstock, (TL) Venus Angel/Shutterstock, (TR) Mexrix/Shutterstock; **65** (BC) Bogdan Wankowicz/Shutterstock, (BL) Nazeri Mamat/Shutterstock, (BR) Zeljko Radojko/Shutterstock; **66** Nazeri Mamat/Shutterstock; **67** Bogdan Wankowicz/Shutterstock; **68** Cat Act Art/Shutterstock; **69** Zeng Wei Jun/Shutterstock; **70** (T) Zeljko Radojko/Shutterstock, (TR) Photobac/Shutterstock; **71** Dunaeva Natalia/Shutterstock; **72** Blundar/Shutterstock; **74** (BR) Ichbintai/Shutterstock, (CL) Nazeri Mamat/Shutterstock, (CR) Evon Lim/Shutterstock; **75** Alexander Romanovich/Shutterstock; **78** (BR) Zeng Wei Jun/Shutterstock, (CR) Cat Act Art/Shutterstock, (T) Bogdan Wankowicz/Shutterstock; **84** (BR) Aquariagirl1970/Shutterstock, (CR) Olga Khomyakova/123RF; **88** (Bkgd) Magnia/Shutterstock, (BC) Aliaksei Hintau/123RF, (BL) S Oleg/Shutterstock, (BR) Eric Isselee/Shutterstock, (TC) YK/Shutterstock, (TL) Lilkin/Shutterstock, (TR) Javi Roces/Shutterstock, (BL) Eric Isselee/Shutterstock, (BR) Anan Kaewkhammul/Shutterstock, (TL) John McAllister/123RF, (TR) Erik Lam/123RF; **90** (TC) Pukach/Shutterstock, (TL) Kamenetskiy Konstantin/Shutterstock, (TR) MrGarry/Shutterstock; **91** (BL) Eddie100164/Shutterstock, (BR) Somboon Bunproy/Shutterstock, (CL) Kamenetskiy Konstantin/Shutterstock, (CR) Trong Nguyen/Shutterstock; **93** (C) 123RF, (CR) Michaeljung/Shutterstock; **96** (TC) Stocksolutions/Shutterstock, (TL) Bogdan Florea/Shutterstock, (TR) Photomatz/Shutterstock; **103** Theo Allofs/DigitalVision/Getty Images; **105** Kireeva Veronika/Shutterstock; **106** Kjuuurs/Shutterstock; **107** John Downs/Redbrickstock.com/Alamy Stock Photo; **108** Westend61/Getty Images; **109** David Tipling/DigitalVision/Getty Images; **110** (BL) Elena Shchipkova/123RF, (CL) Iakov Filimonov/Shutterstock, (TL) 123RF; **118** Bonzami Emmanuelle/123RF; **120** (B) Vishnevskiy Vasily/Shutterstock, (T) Olgysha/Shutterstock; **124** (TC) Aksenova Natalya/Shutterstock, (TL) Axel Bueckert/Shutterstock,

(TR) Dimarik16/123RF; **126** (TC) Andrey Kuzmin/ Shutterstock, (TL) Italianestro/Shutterstock, (TR) Eric Isselee/Shutterstock; **127** (TC) Ultrashock/Shutterstock, (TL) Sondre Lysne/Shutterstock, (TR) Besjunior/ Shutterstock; **130** (TC) Andriano/Shutterstock, (TL) Andriy Solovyov/Shutterstock, (TR) Stepan Bormotov/ Shutterstock; **162** (L) 123RF, (R) Flowerstock/ Shutterstock; **163** (BCL) Vencavolrab78/Shutterstock, (BL) 123RF, (CL) VictoriaKh/Shutterstock; **165** (TC) Lara Cold/Shutterstock, (TL) FCG/Shutterstock, (TR) Nexus 7/Shutterstock; **168** (TL) Arogant/Shutterstock, (CR) 123RF, (TR) Violetkaipa/123RF; **198** (TC) Olesia Babushkina/Shutterstock, (TL) G215/Shutterstock, (TR) Evellean/Shutterstock; **199** (BL) Evellean/Shutterstock, (BR) ArtCookStudio/Shutterstock, (CL) G215/ Shutterstock, (CR) Olesia Babushkina/Shutterstock; **202** (TC) DNikolaev/Shutterstock, (TL) Prazis Images/ Shutterstock, (TR) Bborriss.67/Shutterstock; **205** (CL) Ilona Baha/Shutterstock, (CR) Jag_cz/Shutterstock, (TL) Nimon/Shutterstock, (TR) Cristi180884/Fotolia; **210** Deyan Denchev/Shutterstock; **213** (BC) Valeriy Lebedev/Shutterstock, (BL) Africa Studio/Shutterstock, (BR) Wavebreakmedia/Shutterstock; **215** (Bkgd) LuckyDesigner/Shutterstock, (BCL) Visa Netpakdee/ Shutterstock, (BCR) Bildagentur Zoonar GmbH/ Shutterstock, (BL) Jeff McGraw/Shutterstock, (BR) Olaf Holland/Shutterstock, (C) AndreAnita/Shutterstock; **216** AndreAnita/Shutterstock; **223** Wei Jun/ Shutterstock; **224** 123RF; **225** Filimonov/Shutterstock; **226** (T) Arterra/UIG via Getty Images, (B) Brian Bevan/Alamy Stock Photo; **227** Madllen/123RF.

Ilustraciones

21–23 Lauren Gallegos; **25, 49, 101, 173** Tim Johnson; **50–51** Lee Cosgrove; **59–61** Dave Szalay; **169-171, 206-209** Jaime Kim; **63, 135** Ken Bowser; **97–99** Mo Ulicny; **122-123** Nick Diggory; **131–133** Valeria Cis; **137–147, 151** Lulu Delacre; **160–161** Rob McClurkan; **169-171** Hector Borlasca; **175-183** Tracy Bishop; **206-209** Loga and Aleksey Ivanov; **216** Laura Zarrin (top right)/Rob Schuster (bottom).

NOTAS

NOTAS